# 幼儿体育活动指导手册

郭玉洁 ◎ 著

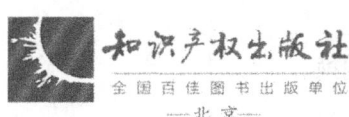

知识产权出版社
全国百佳图书出版单位
—北京—

图书在版编目(CIP)数据

幼儿体育活动指导手册/郭玉洁著. —北京：知识产权出版社，2022.7
ISBN 978-7-5130-8433-8

Ⅰ.①幼… Ⅱ.①郭… Ⅲ.①体育课—学前教育—教学参考资料 Ⅳ.①G613.7

中国版本图书馆CIP数据核字(2022)第201001号

内容提要：

本书梳理了幼儿体育活动的相关理论，根据我国幼儿体育活动课程的教学实际，介绍了教学方法、赛事组织、风险管理，以及体适能、平衡车、武术、篮球等具体课程的发展和现状，并重点以幼儿体适能课程、幼儿平衡车课程、幼儿武术课程和幼儿篮球课程为例，介绍了详细训练安排。

本书可供幼儿园、训练机构和家长参考。

责任编辑：阴海燕　肖　寒　　　　　　　　　　　　责任印制：孙婷婷

## 幼儿体育活动指导手册
YOU'ER TIYU HUODONG ZHIDAO SHOUCE

郭玉洁　著

| | |
|---|---|
| 出版发行：知识产权出版社有限责任公司 | 网　　址：http://www.ipph.cn |
| 电　　话：010-82004826 | http://www.laichushu.com |
| 社　　址：北京市海淀区气象路50号院 | 邮　　编：100081 |
| 责编电话：010-82000860转8693 | 责编邮箱：laichushu@cnipr.com |
| 发行电话：010-82000860转8101 | 发行传真：010-82000893 |
| 印　　刷：北京中献拓方科技发展有限公司 | 经　　销：新华书店、各大网上书店及相关专业书店 |
| 开　　本：710mm×1000mm 1/16 | 印　　张：10.25 |
| 版　　次：2022年7月第1版 | 印　　次：2022年7月第1次印刷 |
| 字　　数：180千字 | 定　　价：68.00元 |

ISBN 978-7-5130-8433-8

出版权专有　侵权必究

如有印装质量问题，本社负责调换。

# 前　言

幼儿体育的相关研究在我国的发展较晚。到目前为止，在我国可以用于幼儿体育活动指导的著作不多。《幼儿体育活动指导手册》是一本理论与实践相结合的书，不只是研究的成果与体会，还可以指导幼儿园、培训机构、师范院校教学。

《"健康中国2030"规划纲要》对幼儿体育教育提出了新的要求与目标：幼儿体育教育需要建立课程体系来指导教师教学。

本书主要面向幼儿体育教育从业者，针对3~6岁的幼儿采用不同的教学内容与方法，全面提高幼儿体育课程的教学质量培养幼儿体育运动的习惯。全书共六章。第一章为幼儿体育活动的基本理论，深入分析了幼儿体育活动的概念、特征及基本理论等。第二章为幼儿体育活动的教学方法、赛事组织、风险管理。第三章至第六章为幼儿体育活动的课程内容，包括幼儿体适能课程、幼儿平衡车课程、幼儿武术课程、幼儿篮球课程，既有幼儿体育活动的课程设计、课程内容、课程过程，又体现不同课程的实用价值。

恳切希望广大师生和读者提出宝贵意见。

# 目 录

第一章 幼儿体育活动的基本理论研究 ·································································· 1
   第一节 幼儿体育活动的研究背景 ······························································· 1
   第二节 幼儿体育活动的概念与特征 ··························································· 3
   第三节 幼儿体育活动研究概况 ································································ 12
   第四节 幼儿体育活动的基本理论 ····························································· 16
   第五节 幼儿体育运动的系统性 ································································ 22

第二章 幼儿体育活动的教学方法、赛事组织与风险管理 ······································· 25
   第一节 幼儿体育活动教学方法 ································································ 25
   第二节 幼儿体育竞赛组织 ······································································· 28
   第三节 幼儿体育活动风险管理 ································································ 30

第三章 幼儿体适能课程 ·················································································· 33
   第一节 体适能课程的概念 ······································································· 33
   第二节 幼儿体适能课程内容 ···································································· 33

第四章 幼儿平衡车课程 ·················································································· 53
   第一节 幼儿平衡车课程的概念 ································································ 53
   第二节 幼儿平衡车课程内容 ···································································· 53

第五章 幼儿武术课程 ····················································································· 71
   第一节 幼儿武术课程的概念 ···································································· 71
   第二节 开设幼儿武术课程的意义与目标 ··················································· 72
   第三节 幼儿武术课程内容 ······································································· 72
   第四节 课后辅助训练参考 ····································································· 110

第六章　幼儿篮球课程 ·················································································121
　　第一节　幼儿篮球的概念 ·········································································121
　　第二节　开设幼儿篮球课程的意义与目标 ···················································122
　　第三节　幼儿篮球课程内容 ······································································123
参考文献 ·································································································157

# 第一章　幼儿体育活动的基本理论研究

## 第一节　幼儿体育活动的研究背景

幼儿阶段是一个人成长的起点。幼儿的健康成长不仅影响自身的生命质量,而且影响国家人口的质量。随着我国人民生活水平的提高,全社会对体育运动、健身修身、健康养生等越来越重视,幼儿体质健康已经成为全社会关注的热点之一,幼儿体育也逐渐为全社会所重视。我国是一个体育大国,竞技体育方面快速发展。但幼儿阶段的教育尚未被纳入义务教育,长期以来,我国对幼儿体育的课程体系研究的基础还不完善。

幼儿体育活动的规范性与科学性是本书研究的重点,幼儿体育的优劣直接关系群众体育与竞技体育的可持续发展,关乎国民的体质健康水平。体育教育是素质教育的重要内容,虽然我国幼儿素质教育的发展受到全社会的广泛关注,但是幼儿体育的现状不容乐观。多数幼儿在平衡性、力量和协调性方面发展不足,超重或者超轻现象较为普遍。2021年7月,国家卫生健康委员会发布,2020年,我国儿童青少年总体近视率为52.7%,幼儿和小学生是我国近视防控重点人群。由于体育活动严重不足,3~6岁幼儿的肥胖率、视力不良检出率随着年龄增长逐渐增加,我国6岁以下的幼儿超重和肥胖率超过10%,幼儿动作发展不协调比例高达42%,更有67.3%的幼儿不能很好地掌握各类运动技能。[1]

幼儿体育活动时间不足、幼儿动作技能开发滞后、师资短缺等社会现状与形势要求幼儿体育教育必须重新进行规划。随着信息时代的发展,各种电子产品走进了千家万户,电子产品使用低龄化现象严重,这影响了儿童运动能力发展,可能会导致幼儿出现社会行为异常、注意力障碍等问题。这些问题让我们不得不深思,究竟给予幼儿何种素质教育才更符合他们这个年龄的心理与生理特点,让孩子们拥有更美好健康的童年。

我国儿童的身体活动受到"重视智育、轻视体育"思想的影响,长期以来发展水平也较低,缺乏安全、科学的体育活动也是幼儿成长面临的一个重要问题。我国自2012年以来陆续出台多项政策,来推动发展青少年及幼儿体质健康工作。2012年,教育部颁布的《3~6岁儿童学习与发展指南》(以下简称《指南》)中第一次将动作教育与动作发展作为幼儿

---

[1] 汪晓赞,陶小娟,仲佳,等. KDL幼儿运动游戏课程的开发研究[J]. 北京体育大学学报,2020,5(15):44-56.

园健康课程的内容之一，同时对儿童动作发展作了分析与实施的指南。体育学习能力的发展是幼儿素质教育的重中之重。2016年3月，习近平总书记在中央全面深化改革领导小组会议上提出"儿童健康事关家庭幸福和民族未来"。2016年10月，中共中央、国务院印发的《"健康中国2030"规划纲要》中提出实施健康儿童计划，鼓励幼儿通过体育锻炼强化早期发展，以全面提高全民身体素质。2019年8月，国务院办公厅印发的《体育强国建设纲要》中提出推进幼儿体育发展，引导建立幼儿体育课程体系和师资培养体系。

幼儿的动作教育是幼儿整体发展的重要内容。幼儿体育组织主要有幼儿园、商业幼儿体育机构、青少年宫等，它们尚未形成一个"纽带"。如果将它们联结起来，将会便于统一管理。《2017年中国家庭素质教育消费报告》显示：近90%的家长有意愿让孩子学习体育课程，超过84%的家长愿意在孩子0~7岁时为其报名体育课程。我国幼儿接受体育教育的途径与场所主要是幼儿园。目前，各种幼儿体育工作者都在响应国家号召积极行动，但是在行动的过程中也面临各种阻力与困难。在幼儿园的体育活动中，以体育运动能力为主线的活动课程主体性发挥不足，而且缺乏系统的体育活动指导与安全指导，体育活动内容一般停留在传统意义上的"游戏课"，对运动技能的锻炼不足，很多幼儿在体育活动中动作协调性差、动作完成不规范。长期以来，幼儿园开设的课程多数以语文、数学、舞蹈、绘画等为主。幼儿园开设专门的体育课程较少，体育活动形式多数为早操或大课间。为安全考虑限制幼儿的体育活动范围、器材的使用，幼儿园日常安排造成了幼儿运动量不足、内容较简单，虽然这降低了幼儿运动伤害发生的风险，但是也会造成对幼儿运动潜能开发不足。部分幼儿教师更多关注幼儿的兴趣，认为只要他们玩得高兴就行，却忽视对其身体素质与基本运动技能的培养，学习效果不佳。一些学前教育者和管理者并不知道体育教育对于幼儿的意义，而且对动作教育的知识了解较少。专注于幼儿体育研究的教育者少之又少。幼儿体育缺乏专业性、科学性、可持续性的优质课程，这严重阻碍了幼儿体育的可持续与健康发展。体育作为素质教育的主要内容之一，幼儿阶段是重要的学习敏感期，幼儿体育活动课程需要在课程开发、课程教法、课程结构、教材标准化、课程评价、教师培养与训练、课程更新的组织与实施等方面有更深入的研究。

幼儿体育教师的教学水平、运动技术、综合能力决定了幼儿体育教育的效果。目前，我国学前体育教育专业人才十分匮乏，幼儿体育教师的教学组织能力、管理能力直接影响幼儿对体育知识的学习。因此，急需建立幼儿体育教师的培训体系。

关于幼儿体育的表演、赛事较少，学龄前儿童几乎没有国家级赛事平台，因此幼儿体育推广较少。赛事的开发、组织、宣传都未形成完整的体系与研究。

面对幼儿体育活动不足、基本动作发展缓慢等难题,我国幼儿体育该如何科学发展?幼儿体育不只在单一的层面上发展,更需要顶层设计,实现整体性、跨学科的联动发展,从顶层设计课程开发、师资培训、赛事演出等打出一套"组合拳"满足日益增长的需要。开发内容丰富多彩、项目科学合理、体系完善完整的幼儿体育课程是一项亟待实施的工程。幼儿体育展示、幼儿体育论坛、幼儿体育赛事也会促进幼儿更积极地参与体育运动。幼儿体育活动的主要场所是幼儿园、家庭、社会办学机构。要结合第三方机构,构建幼儿体育活动的科学体系,形成"终身体育"的教育格局,对促进幼儿体育思想的萌芽、提高幼儿体质健康水平和体育运动能力发挥基础性作用。

国家国民体质监测中心发布的《2020年全民健身活动状况调查公报》显示,在2020年,我国7岁及以上居民中每周体育锻炼人数占比达到67.5%,经常参加体育锻炼的人数比例达到37.2%。国家发展和改革委员会发布的消息显示,截至2021年年底,全国居民体育消费总规模已突破2万亿元。幼儿体育活动的理论与课程在我国是一个亟待开拓的领域。本书对现阶段幼儿体育活动的理论做进一步探索,联系实践,创编与研发适合中国幼儿的体育活动课程。同时,对课程评价、赛事、师资培养等实践活动进行梳理,从而不断拓展幼儿体育研究的边界。此外,合理的幼儿体育活动、体育运动技能、心理健康训练也是本书的内容。

## 第二节 幼儿体育活动的概念与特征

### 一、幼儿体育活动的相关概念

人类在认识过程中从感性认识上升到理性认识,对所感知的事物的共同本质特点加以抽象概括成为概念。下面梳理与幼儿体育活动有关的概念。

(1)幼儿。在很多文件中多用"儿童"。"儿童"一词在联合国《儿童权利公约》中指"18岁以下的任何人,除非对其适用之法律规定成年年龄低于18岁"。儿童阶段大体可分为学龄儿童(0~6岁)、小学生(6~12岁)和中学生(12~18岁)三个年龄段。《现代汉语词典》中"儿童"的定义是"较幼小的未成年人(年纪比'少年'小)"。我国的《未成年人保护法》等法律规定:未成年人是指未满18周岁的公民。中国的儿童组织少先队队员的年龄在14岁以下,而共青团员的入团年龄为14岁以上。高等医药院校教材《儿科学》里把儿童的年龄分为7个时期：一是胎儿期（从受精卵到出生，约280天）；二是新生儿期（从脐带结扎至出生后足28天）；三是婴儿期（出生后28天到满1周岁，又称乳儿期）；四是幼儿期（从1周岁到满3周岁）；五是学龄前（从3周岁后到入小学前6~7周岁）；六是学龄期（从6~7周岁后至女童12周岁、男童13周岁）；七是少年期（青春期，女孩从11~12周岁到17~18周岁，男孩从13~14周岁到18~20周岁）。《儿科学》中指出，0~1岁为婴儿期、1~3岁为幼儿期、3~6岁为学龄前期。[1]而教育部颁布的《指南》中，虽然主要对象是3~6岁，但并没有将文件中的儿童明确为幼儿。国际上，对幼儿的年龄界定没有统一的标准，但是实际上幼儿园中儿童的年龄区间是3~6岁。《辞海》中对"幼儿"这样定义：幼儿期，指的是生理心理处于快速发展期但非常不成熟的时期，又称"学龄前时期"，一般指3~6岁还未进入义务教育阶段的儿童。我国明确规定，幼儿部分体质测试的对象为3~6岁未达到义务教育的儿童，所以本书将3~6岁的儿童称为"幼儿"。

（2）体能。体能是指人在身体运动时表现出来的能力，包括身体基本活动能力（如走、跑、跳、投、攀等）和身体素质（如速度、耐力、平衡、灵敏、柔韧、协调等）。

（3）体育。《现代汉语词典》中对"体育"的定义是："以发展体力、增强体质为主要任务的教育，通过参加各项运动来实现"。幼儿运动、小学体育、中学体育、大学体育、青少年体育、老年体育，不同年龄段人群有不同的体育活动规律和特点。

（4）幼儿体育活动。有学者将"幼儿体育活动"定义为园内体育教学活动内容体系，该体系内容包含基本动作技能练习、幼儿体操练习、身体各项素质练习、持器械练习、自主创造性活动和体育游戏活动。[2]近年来，很多人将幼儿体育活动与幼儿游戏混淆。《现代汉语词典》中对"游戏"这样定义："游戏是娱乐活动，如捉迷藏、猜灯谜等"。郝晓岑，王婷通过将体育与游戏的概念对比得出，游戏只是体育活动的一种表现形式或组织形式，游戏不能等同于体育。游戏在幼儿阶段是一个重要的运动方式，但是游戏和体育在目标、形式上有明显不同，游戏过程中是不重视甚至忽视幼儿身体素质的发展与提高，幼儿在体育运动过程中要谨防无目标、无策略、无方法的形式，要回归幼儿体育的技能功能。[3]幼儿体育是指教师以遵循3~6岁幼儿的生长发育、发展的特点和规律为基础，以提高幼儿体质健康、提高幼儿运动能力、锻造强大心理素质为目标，以体育训练为基本形式，通过科学、合理

---

[1] 全国卫生专业技术资格考试专家委员会.儿科学[M].北京：人民卫生出版社，2006：243.
[2] 刘馨.学前儿童体育[M].南京：南京师范大学出版社，2003.
[3] 郝晓岑，王婷.幼儿体育概念辨析[J].幼儿体育概念辨析，2017（1）：15.

的方法为全面提高幼儿的健康水平和形成终身体育意识而进行的一系列锻炼身体的体育教育活动。

《学前儿童体育》中对幼儿体育活动做了定义，即基本动作（如跑、跳、投、翻滚、钻、爬、支撑等），基本体操，体育游戏，运动器械的活动（固定性运动器械活动、中小型移动性运动器械活动），球类运动等。❶庄弼等学者将幼儿体育活动理解为幼儿形成良好身体素质与强化动作技能的方式，突出以情景带入、游戏化方式的活动开展。该阶段的活动内容和对象是指3~6岁幼儿开展各项关于身体素质和基本动作技能活动，通过有无持器械、球类的活动内容体系。❷《幼儿园体育活动的理论与方法》中提出"幼儿体育是遵循幼儿身体生长发育规律，以增强体质，提高健康水平，促进幼儿身心全面、和谐发展为目的所进行的一系列的教育活动"❸。

结合幼儿、体育、活动的相关概念，本书将幼儿体育活动定义为：在上小学前，根据幼儿生长发育、心理发育的特点和规律，以各种体育项目锻炼为基本手段，通过安全、科学、合理的方法，以增强幼儿的身体素质、运动技能、心理健康，初步形成运动能力、学会体育锻炼方法、养成体育锻炼习惯为目标的一系列活动。

幼儿的健康直接关系到一个国家的未来。3~6岁幼儿的运动能力、身体素质可以为其终身健康打下坚实的基础。关注幼儿身体健康的同时，将幼儿的心理健康与良好的社会适应能力相结合，建立一个课程标准体系是当前幼儿体育工作的重中之重。幼儿体育活动对幼儿的身体健康有着良好的促进作用，只有在身体健康的前提下幼儿才能获得智育、德育、美育的全面发展。

## 二、幼儿体育活动的特征

幼儿时期被认为是形成体育习惯、体育行为、健康行为（如身体活动）的关键时期。人的身体、情感、社会认知的关键形成期就是幼儿时期，幼儿时期所形成的运动技能将为其一生奠定基础。幼儿体育活动不仅要遵循幼儿的生理、心理发展规律及受到现代社会生态环境影响，而且要符合幼儿的动作发展规律，因此需要全面把握幼儿体育活动的特征。

---

❶ 刘馨.学前儿童体育[M].南京：南京师范大学出版社，2003：135-138.
❷ 庄弼,任绮,李孟宁,等.幼儿体育活动及其内容体系的思考[J].体育学刊，2015(11)：87.
❸ 王占春,陈珂琦.幼儿园体育活动的理论与方法[M].北京：人民教育出版社，2011：48.

(一)幼儿体育活动必须符合其生理发展的规律

幼儿运动系统主要由骨骼肌、骨骼、骨连接组成。骨骼肌主要由大肌肉群和小肌肉群组成,全身大肌肉群和小肌肉群发育的时间不同,大肌肉群发育较早,小肌肉群发育较晚,所以幼儿需要先做有大肌肉参与的动作训练。幼儿阶段的大肌肉发展水平将会影响成年后的认知能力与运动能力。幼儿在学习动作技能的过程中,能够学习体育规则、社交规则、公平竞争规则、良好的社会行为并减少攻击性行为。大肌肉动作是儿童最早发展起来的动作技能,其发展对幼儿早期认知水平的提升、认识范围的扩大、自信心的加强及身体健康水平的提高都具有重要作用。[1]幼儿新陈代谢旺盛,氧气供应充足,相比成人产生运动疲劳后恢复更快。幼儿骨连接比较松弛,韧带不够结实,关节的牢固性较差且其伸展性更强。幼儿的骨骼发育速度要远快于肌肉,其运动模式是以关节为枢纽、骨骼为杠杆、肌肉为动力输出。由于幼儿的肌肉发育滞后于骨骼和关节,且其骨骼硬度低,所以幼儿不宜发展力量素质。

幼儿运动系统中的神经系统是最早发育的,幼儿神经系统的抑制过程不够完善,兴奋过程强于抑制过程,兴奋和抑制在皮层更易扩散,兴奋得也快,疲劳得也快。3岁幼儿的主动注意时间为7分钟,5岁幼儿的主动注意时间为15分钟,6岁幼儿的主动注意时间可达20分钟。[2]因此,幼儿在参加体育活动时,需要不断调整课程形式、课程内容、课程节奏,组织形式可以丰富多彩。幼儿每天可以进行1小时左右的户外运动,其中3~4岁幼儿连续练习适宜时间为20分钟左右,4~5岁幼儿连续练习适宜时间为30分钟,5~6岁幼儿连续练习适宜时间为40分钟,超过2小时运动会对幼儿的身高造成影响。[3]1988年,美国运动医学研究学会发布了第一个关于儿童青少年身体活动的指南,明确提出了儿童应该每天进行20~30分钟的高强度体育活动。1998年,英国健康教育部发布儿童青少年应该每天进行60分钟的中、高强度体育活动。加拿大运动生理学会、澳大利亚教育部、新西兰教育部等相继发布青少年儿童体育运动指南,都提出儿童青少年应该每周进行三次以上中等到高强度的体育活动。瑞士运动联邦办公室发布:儿童青少年应每天进行60分钟以上增强肌肉力量和提升柔韧性的活动。世界上多数国家已经将儿童每周进行三次以上中、

---

[1] 袁一丹.浅析体育运动锻炼对学龄前幼儿心理发展的重要性[J].运动,2011(10):7-8.
[2] 杨雪锋.功能训练视角下幼儿体能干预内容重构与实证研究[D].郑州:河南大学,2018:31.
[3] 周葱.3~6岁幼儿身体功能性动作体系的构建与实证研究[D].石家庄:河北师范大学,2017:69.

高强度的体育活动作为一项基本国家政策。❶张莹曾对幼儿体能练习的方法进行研究,研究结果表明:幼儿在参加体育活动课程时,适宜的负荷强度应处在130~190次/分钟,运动后心率应在3~5分钟恢复到练习前的水平。❷弗拉霍夫等对282名4~6岁幼儿进行11年的跟踪调查,发现根据幼儿大肌肉动作的发展水平能够预测青少年时期的身体素质,其中幼儿期操控技能水平与青少年时期身体素质的关系比位移技能发展水平更显著,幼儿期大肌肉动作的发展水平越高其身体活动就越积极,在其青少年时期的身体素质就会越好❸。

(二)幼儿体育活动必须符合其心理发展的规律

幼儿心理现象主要包括心理过程和个性心理,心理过程主要包括感觉、知觉、记忆、思维、想象、情感等。幼儿体育活动的基础是动作学习。合理的动作学习可以发展幼儿的身体意识及空间意识,在提供听觉、视觉、感觉技巧学习机会的同时促进幼儿心理发展。让·皮亚杰、杰罗姆·布鲁纳等从认识论的角度指出,主体对客体的动作是幼儿心理的丰富来源和必备工具。动作可以为幼儿提供认知经验、丰富认知对象,使幼儿有更多的机会从事物的外在表现中鉴别本质的特征,进而获得对事物本质的认识。

(1)动作发展对幼儿学习能力有积极的影响。有研究表明:学习能力与运动能力相关。韦斯滕多普研究发现,大肌肉动作表现越差的孩子产生学习困难的现象越显著,认为学业表现和大肌肉运动是一个共同信息加工的过程;儿童的认知发展是和儿童精细动作能力相辅相成的,阅读困难儿童的精细动作能力也较差,神经发育障碍和精细动作能力也是密切相关的,可以将精细动作能力作为预判儿童认知能力发展的指标。❹教师应该重视对幼儿大肌肉运动潜力的开发,动作设计内容应该以大肌肉运动为主。

(2)记忆力发展。幼儿记忆力的发展特点是以无意记忆为主要方式、机械记忆使用占多数,意义记忆会有更好的效果,形象记忆的效果优于词汇记忆。幼儿的无意注意占主导,无意注意事物能力要优于有意注意。通过强力运动中各种信号的刺激,可以促进幼儿无意注意的不断发展。教师运用不同的口令、动作、颜色等,如响亮的口令、有节奏地打拍子等,都可以很好地提高幼儿的注意力。注意力不集中是这一年龄阶段的特点。幼儿教师可以利用声音、颜色、器械、教具等多种元素,不断提高幼儿对课堂内容的关注度。

---

❶ 郭强,汪晓赞.国际儿童青少年身体活动指南的透视与解析[J].成都体育学院学报,2019(1):4.
❷ 姚天聪.幼儿体育活动强度自评量表[D].北京:北京体育大学,2016:19.
❸ 韩晓伟,周志雄.国际幼儿体育研究演进特征及启示[J].北京体育大学学报,2020(5):15.
❹ 周葱.3~6岁幼儿身体功能性动作体系的构建与实证研究[D].石家庄:河北师范大学,2017:603-606.

由于幼儿注意力的广度有限,所以教师在进行教学示范与讲解时要根据不同课程内容随时调整与学生合适的距离。

幼儿教师在组织体育活动过程中,不应过分强调概念、名称、细节等。幼儿会在上课过程中无意地对所教授内容进行记忆。教师不必解释动作练习的原理,如果过多强调概念、细节、原理等,将会对幼儿传递很多多余信号,干扰其对基本动作的学习,只要幼儿能够模仿并形成动作顺序即可。由于6岁以后的儿童理解能力增强,教师可以较为清楚地阐明动作完成的目标。教师多以故事、童谣、口诀、情景式等教学方法让学生对动作进行记忆,在对具体动作细节进行介绍时应多以比喻、形象模仿为主,用较为形象的物体进行概括。

(3)思维力特点。随着幼儿年龄增长,他们对符号和数字的思维能力逐渐加强,在认识事物的时候都是从自己的角度进行解释,因此教师在与幼儿沟通时应尽量用其话语体系的语言与他们沟通,站在他们的角度传授知识、解释答疑问。

(4)行为发展。行为的产生源自个体的需求和动机。不同年龄幼儿的认知、兴趣和动机会造成不同的体育行为。幼儿体育行为的综合表现特征包括内隐体育行为和外显体育行为。人的行为都是在某种动机或主观意识的驱动下产生的,幼儿也不例外。内隐体育行为是引导、推动、支持幼儿参加体育活动的主观意识的综合表现特征,主要由体育认知、体育兴趣和体育动机构成。外显体育行为就是幼儿体育行为的外在表现特征,主要包括幼儿体育活动的组织形式、内容、时间及体育消费。

3~4岁幼儿刚上幼儿园不久,缺乏集体意识与分享意识,有较强的自我意识,多以自我意识为主;4~5岁幼儿逐渐适应幼儿园生活,集体意识较强;5~6岁幼儿逐步形成了自己的行为规范、行为习惯、认知能力、自我控制能力、自理能力,社会性不断增强,可以积极主动地进行集体活动。在多数情况下,幼儿的认知受年龄所限,他们将体育等同于玩或游戏,参与体育活动的积极性是由他们的基础认知决定的。兴趣是人们对某种事物或从事某种活动的意识倾向,它使得各种行为具有持久性、目标性、方向性、可持续性。幼儿之所以能够积极主动地参与体育活动,也是因为兴趣产生的情绪反应。如果幼儿对体育活动感兴趣,那么他们会主动参与其中。因此,兴趣是幼儿参与体育活动的动力之一,也是幼儿产生体育行为的关键因素之一,这就告诉我们教师应根据幼儿的兴趣安排体育活动。动机是行为产生的驱动力。幼儿受限于年龄,其对体育活动的动机受家庭、体育榜样、群体等影响。家长和教师平时需要对幼儿在体育知识方面进行引导和教育,让他们对体育活动有正确的认识,从而产生正确的动机。

(5)人格发展方面。幼儿不愿受到过多限制,开始重视与他人的关系,所以若对他们日益增多的探索行为和创造力给予肯定与表扬,会使他们更乐于创新,为其主动、执着等性格的形成奠定基础。因此,教师在幼儿参与体育活动时应该不断给予鼓励和表扬,以增加他们对体育活动的兴趣,并在体育活动中增强规则意识、竞争意识、团队意识等。教师组织幼儿进行体育活动时,要根据幼儿的人格塑造特点选择表扬、鼓励等方式与其交流,并且能宽容和理解他们所表现出的不正确行为,不必反复纠正,应该不断对其进行积极引导,在良好的教学环境中完成身体活动内容。

(三)幼儿体育活动要符合其感觉统合发展的规律与特点

幼儿感觉统合是指随着年龄的增长幼儿完成具体任务时对视觉、听觉、动觉、触觉、嗅觉等通道信息加工过程的统一整合能力。它是在外界刺激下,通过感觉输入通道对信息进行接收和传输,并在中枢神经的调控下对所接收的信息进行加工和处理,并将最后决策和解释通过动作表达出来。幼儿出现的注意力难以集中、多动、烦躁不安、手脚不协调、内向不说话等问题,很多都是感觉统合失调的外在表现。幼儿阶段进行体育训练可以有效避免感觉统合失调。感觉统合失调随着幼儿年龄的增长如果没有得到有效治疗,将会对其未来学业产生很多不利影响[1]。

幼儿感觉统合失调的原因有以下三点:一是成人对幼儿过度保护,使其平时活动范围过小,无法接收更多的外界信息,丧失了自我探索世界的机会,未触摸过土、沙等外界事物,幼儿触觉能力发展滞后,外界刺激缺乏造成幼儿的触觉能力较差;二是幼儿的父母过于忙碌,很少陪伴其玩耍,造成对幼儿右脑感官刺激不足;三是婴儿出生后9~10个月时未经过爬行阶段就直接学习走路,或者幼儿学习行走过程中过多依赖辅助设施,使其前庭平衡及头部支撑力不足,导致前庭平衡失调,翻转能力、平衡能力、旋转能力都较弱。

教师要抓住幼儿感觉统合发展的关键期与敏感期,采用多种体育活动方式,不断变换环境、器械、口令、内容、教具等,让他们在体育活动中养成主动探索的习惯,促进其感觉统合能力的发展、大脑神经系统的发育,不断激发其大脑潜能,从而在体育活动中发展其感觉统合能力。

---

[1] 张云.3~6岁幼儿动作协调能力测试方法与发展特征问题的探讨[J].西安体育学院学报,2010,27(5):603-606.

(四)幼儿体育活动要符合其动作发展的规律

动作是指在一定的时间和空间中肢体、躯干的肌肉、骨骼、关节协同活动的模式,既可以指由多个部分共同构成的完整活动模式,也可以指某一部分的特定活动模式。❶

动作行为的发展和改变依照独特的方式进行,一般将动作发展划分为6个阶段,分别为反射、预先适应、基本动作技能、专项动作技能、技能熟练和代偿。反射期与预先适应期为0~3岁幼儿可以完成的动作能力。3~6岁幼儿处于基本动作发展的重要时期,所以需要进行基本动作技能训练,在完成基本动作技能同时,对专项动作技能、技能熟练和代偿能力进行拓展开发。动作技能被认为是儿童、青少年和成人充分参与许多有组织和无组织身体活动所需的专门运动序列的基石。❷

基本动作技能包括粗大动作和精细动作。幼儿体育活动的内容应该以粗大动作发展为主、精细动作发展为辅。粗大动作发展的内容主要为位移技能,如爬、跑步、单脚跳、垫跳步、双脚跳、投掷等,这些动作都会发展幼儿的速度与灵敏性;控制技能,如扭转、弯身等,这些动作主要发展幼儿的平衡、协调能力;操作技能,如投掷、接、踢、挥击等。基本动作中的跑步、单脚跳、垫跳步、双脚跳、投掷等,是儿童未来熟练掌握各类运动技术、运动竞赛的基础。如果儿童没有掌握基本动作,那么他们完成由基本动作组成的复杂动作的能力将会降低。精细动作指那些主要由身体小肌肉或小肌肉群控制的动作。幼儿在6岁左右可以开始精细动作的练习,在练习精细动作时需要在感知觉、注意力等多方面心理活动的配合下完成特定任务。幼儿通过精细动作的练习将对成年后的运动习惯、生活方式、生存理念、学习能力等产生促进作用。幼儿体育活动的开展顺序要遵循其身体和心理发展的规律,以基本动作技能为先导、重点,随着年龄增长逐步增加精细动作练习。

(五)幼儿体育活动要与社会生态环境相结合

随着科技的不断发展,移动互联网技术日新月异,智能手机和平板电脑已经融入人们的生活,人们使用电子产品的时间越来越多。幼儿"静坐少动"成为普遍现象,幼儿的体力活动是否充足,体育环境、家庭遗传因素、父母的体育行为与习惯、社会的宣导、教师的引导都会对幼儿体育活动产生重要影响。❸幼儿体育活动主要分为幼儿园内活动和幼儿园外活动,组织形式有户外、室内、竞赛、运动会、综合嘉年华等。由此可见,幼儿体育活

---

❶ 刘馨.学前儿童体育[M].南京:南京师范大学出版社,2003:168.
❷ 张莹.幼儿期体能练习方法研究[D].北京:北京体育大学,2003:58.
❸ 王淼,王文龙.我国幼儿体育开展中应处理好的几对重要关系[J].青少年体育,2022(1):136.

动需要多维度环境的支持。

　　促进幼儿健康的生态环境支持系统不仅需要宏观的,而且需要微观的。宏观方面包括幼儿园、身体活动场所、幼儿运动干预场所、家庭生活质量、营养知识储备,这些涉及生态学、营养学、人口统计学等。我国城市发展具有不平衡性,城市人口占多数,城市中高楼林立,可供幼儿活动的场地严重不足,家长一般"重智轻体",没有给孩子更多的时间进行体育活动,因此幼儿每天的体育活动大多在幼儿园中开展。大部分幼儿园也会受天气、场地条件等限制,幼儿每天只能保证国家规定的1小时户外活动。幼儿放学后的体育活动主要是与其父母一起运动,即家庭运动,或在培训机构进行体育锻炼、和身边的伙伴一起运动。除了部分园外机构有一定的课程体系外,家庭运动、与伙伴一起运动是没有系统指导的。由于幼儿自我学习能力比较弱,所以在进行体育活动时需要指导和帮助。虽然家庭体育活动有助于增进亲子间的交流,但是多数家长缺乏科学的训练方法,导致这类体育活动的效果无法得到保证,同时由于家长的时间不固定,所以幼儿进行体育学习的时间不固定。我国幼儿园内的体育活动、家庭体育活动已经无法满足幼儿对基本动作技能发展的要求,家庭、社区、社会需要对幼儿体育活动内容进行思考、鼓励、监督。根据幼儿年龄的不同,幼儿的注意力、自控能力都有不同的特征,体育活动的竞争性、团队性都升级过渡到需要不断提高的难度,需要更多的力量。由于幼儿的认知能力、知识接受能力相对较差,他们对抽象的概念与理论难以理解,还没有学会系统的分析、比较、总结,对具体、形象的内容更易接受,所以幼儿体育活动的内容、形式应具体化、简洁化,需要将幼儿在生活、游戏、观察中的简单知识组成简洁的系统,促使其快速系统地掌握新的知识、方法、经验。幼儿体育活动内容要将人、故事、情境相联系,开展情境化教学。这些内容都是幼儿积极主动获取知识及各种经验的过程。幼儿体育活动内容也要关注幼儿的情绪情感、个性发展、意志磨炼等,必须根据其兴趣、动机、需要等方面的特征来编排知识,也就是根据其心理特征安排课程内容,因为兴趣、好奇心是幼儿运动的先导。

　　幼儿体育活动是幼儿的权利,大众对幼儿体育的重要性及权利的了解不足,幼儿体育的重要性并没有受到足够重视,通过媒体的宣传引起社会的广泛关注是推动幼儿体育发展的有效举措。❶

---

❶ 全海英,李冰洋.我国幼儿体育权力的缺失与保障[J].沈阳体育学院学报,2021,40(2):87.

## 第三节 幼儿体育活动研究概况

### 一、国外幼儿体育活动的研究概况

早在公元前300年,亚里士多德最早明确提出了体育、德育和智育的划分,也最早根据儿童身心发展的特点提出按年龄划分教育阶段。体育是幼儿阶段教育的重要内容,德育是少年阶段的重要教育内容,智育是青年阶段重要的教育内容,三个年龄阶段各有不同的侧重点。夸美纽斯重视学前教育中体育游戏活动的作用,将游戏作为幼儿阶段教育的重要内容。与幼儿体育密切相关的动作教育理念在西方起步较早。18世纪法国著名的教育家、启蒙思想家、文学家卢梭继承并发展了洛克关于儿童动作发展教育的体育思想。[1]卢梭的教育理念特别重视体育对幼儿的作用,他认为从幼儿出生开始就应该根据其生理特征、心理特征进行体育教育,通过体育活动教会幼儿认识世界、认识自己,促进幼儿体质的增强和健康成长,更好地适应社会和自然,为其未来发展奠定基础。国外幼儿体育研究中的高频关键词主要有学前儿童、身体活动、幼儿园、预防肥胖、加速度计、基础运动技能、儿童保育、家庭、体质、过程等。从节点大小来看,刘献国认为学前儿童、身体活动、幼儿园、预防肥胖、儿童保育、干预构成了国外幼儿体育研究的核心关键词,代表了国外当前的研究热点。国外对幼儿体育的研究不局限于体育学科,涉及社会学、心理学、人口统计学等多个领域。[2]

### 二、我国幼儿教育的研究概况

20世纪初,我国幼儿教育机构开始建立,当时经过很多教育学家,如陶行知、陈鹤琴、张宗麟等人的不断探索、研究,初步形成了中国的幼儿教育课程。1951年,《幼儿园暂行规程》(草案)的制定第一次在全国范围内统一了幼儿教育标准,对我国幼儿教育的发展起到了举足轻重的作用。我国幼儿教育开始逐步发展,党和政府对幼儿体育教育的关注也越来越多,幼儿体育进入了新的发展阶段。1979年11月,教育部颁发了《城市幼儿园工作条例》(试行草案),规定要对幼儿进行初步的"五爱"教育,培养幼儿诚实、勇敢、团结、友爱、活泼、有礼貌等品质和行为习惯。1981年10月,教育部颁发了《幼儿园教育纲要》(试行草案),该纲要在分析幼儿身心发展的年龄特点后,提出了幼儿教育任务,其中与幼

---

[1] 周毅,庄弼,辛利.儿童早期发展与教育中最重要的内容[J].广州体育学院学报,2014(11):28.
[2] 刘献国,贾俊杰.国外幼儿体育研究进展及其启示[J].体育学刊,2020(7):17.

儿社会教育有关的内容,除之前提出的"五爱"教育外,还有培养幼儿良好的卫生习惯、独立生活的能力等,将教育内容分为生活卫生习惯、体育活动、思想品德、语言、常识、计算、音乐、美术8个方面。1983年的《关于发展农村幼儿教育的几点意见》、1985年的《幼儿师范学校教学计划》、1986年的《关于进一步办好幼儿学前班的意见》、1989年的《幼儿园管理条例》(试行)、1992年的《幼儿园玩教具配备目录》等相继发布。教育部、卫生部等相关部门认识到体育运动对幼儿身心健康发展的积极作用,提出幼儿园应开设体育活动课程和设置运动场所。1996年,国家教委发布的《幼儿园工作规程》中第十九条明确提出:"积极开展适合幼儿的体育活动,每日户外体育活动不得少于一小时。"这是我国第一个明确提出支持开展幼儿体育运动的政策文本。随后1998年的《面向21世纪教育振兴行动计划》中提出:要从幼儿阶段发展体育教育,体育是素质教育的重要组成部分,实施素质教育的目标之一就是要幼儿拥有健康体质、良好的社会交往能力、健康的体育生活习惯、优秀的学习习惯,体育对幼儿身心健康的积极作用毋庸置疑。与中华人民共和国成立初期相比,该阶段幼儿体育相关政策体系已经形成。教育部在2012年10月印发的《3~6岁儿童学习与发展指南》(以下简称《指南》)中将幼儿界定为3~6岁的儿童,"幼儿体育"一词才被广泛运用。

《指南》《关于加快发展体育产业促进体育消费的若干意见》及北京体育大学、首都体育学院等联合举办的中国首届幼儿体育高峰论坛,都对幼儿身心健康提出了科学、有效的建议,也为我国幼儿体育工作带来了前所未有的机遇和挑战。至此,我国幼儿体育政策整体得到进一步深化并逐渐完善。

亚洲幼儿体育协会理事长周宏室将"幼儿体育"定义为"幼儿体育是在学前阶段的重要教育内容,是指在幼儿阶段利用身体活动达到教育目标的过程"[1]。多数学者认为,体育游戏是一个重要的手段,幼儿体育教育最基本的组织形式是体育游戏。林小环在《幼儿园体育游戏的设计与组织实施》中表明,培养幼儿的自主性与规则意识是体育教育的重要目标,开展体育活动时,教学目标的树立是不得不去考虑的内容,教师在教学过程中一定要激发学生的运动兴趣与养成运动习惯,不断调节、养成、塑造幼儿基本动作能力、粗大肌肉运动能力、精细动作运动能力[2]。

通过研究近10年幼儿体育方面的文献可知,幼儿体育正处在一个蓬勃发展的时期,

---

[1] 樊明豪,崔雨晴.近10年我国幼儿体育研究综述[J].当代体育科技,2021(6):15.
[2] 林小环.幼儿园体育游戏的设计与组织实施[J].学前教育研究,2011(5):15.

取得了很多成绩。虽然我国幼儿体育的研究相对较晚,且存在一定不足,对幼儿体育的综合性研究较少,但是通过查询相关文献发现,1992—2000年幼儿体育的价值研究较多,研究项目以体操和表演为主;2001—2009年幼儿体质、教师素养受到关注,研究的内容以散点为主,不够集中;2010—2017年家庭幼儿体育、政策开始受到重视。检索关键词"幼儿体育",其中2016年198篇、2017年251篇、2018年329篇、2019年458篇、2020年439篇、2019年458篇、2020年440篇、2021年456篇,这体现出该领域研究的"高热度"。

### 三、国内幼儿体育活动研究的进展

随着我国人民对体质健康、体育训练认识的不断升级,幼儿体质健康问题越来越受到重视,幼儿体育的重要性逐渐被全社会认可,幼儿体育活动的需求越来越多,幼儿体育课程需求越来越旺盛,出现多个研究热点,如我国幼儿体育培训机构、幼儿体育论坛和师资培训、幼儿体育用品、幼儿体育活动赛事等。截至2020年,我国新建区、县级以上幼儿体育协会和研究机构15个(不包括市、区级分支机构),其中协会类11个,占73.3%,研究类4个,占26.7%,11个协会中市、区级基层协会8个,占72.7%,主要分布在浙江、四川、上海、北京和湖南等地。[1]曾琪智指出,我国幼儿体育教学的困境是体育游戏性过强,教学内容比较单一,幼儿体育教师的综合素质不高。2016年7月至2018年7月,我国新成立幼儿体育商业机构739个,平均每年369.5个,其中培训类395个,占53.45%。可以说,幼儿机构的发展进入了快速发展时期。[2]当前,社会幼儿体育培训服务占一半,这就带动了幼儿体育用品销售市场与幼儿体育用品(器材、设施)制造业的发展。幼儿体育产业结构符合我国提高体育服务业占比、大大增强和优化体育产业结构的发展,初步释放出积极的体育产业、市场发展信号。

2017—2019年,幼儿体育论坛、幼儿体育教师培训组织较多。论坛的主办方和承办方以社会组织为主,其中民间组织占主导,政府组织的论坛较少。2017年以来,幼儿体育赛事也丰富多彩,主要涵盖幼儿武术、体操、足球、篮球等,但是关于幼儿体育的综合赛事、品牌化赛事较少,应该不断发挥社会组织和商业机构的作用,通过政府部门参与并提供多方面支持、联合社会力量办赛的方式,形成品牌化、参与度更高的良性循环体育赛事。幼儿园教师或家长成为最重视幼儿体育活动的人,购买幼儿体育教材、书籍的消费者以幼儿

---

[1] 郝晓岑.我国幼儿体育研究的轨迹、焦点与趋势[J].体育学刊,2018,25(5):109-113.
[2] 曾琪智.我国幼儿体育教学困境及未来发展方向[J].青少年体育,2018(12):27.

园教师和幼儿的父母为主。近年来,幼儿体育活动方面的书籍也畅销起来,书籍的内容主要包括幼儿体育课程、幼儿体育游戏活动、幼儿体育活动锻炼内容与教学方法设计、幼儿园体育现状的调查研究、幼儿体育赛事组织、幼儿亲子体育活动、幼儿户外运动的开展方法等。幼儿园体育设施问题是目前幼儿园教师、幼儿的父母最关心的问题,不同地域的幼儿体育器械差异尤为突出。

学前教育专业中对学生体育教学能力的重视不足,学前教育专业在体育教学能力方面未受到政府、教育部门的认可与重视。

2019年9月,国务院办公厅印发的《体育强国建设纲要》中指出,到2035年,青少年体育服务体系将更加健全,身体素养极大提升。同时,提出建设青少年体育发展促进工程,其中强调推进幼儿体育发展,完善政策和保障体系;推进幼儿体育项目和幼儿体育器材标准体系建设,引导建立幼儿体育课程体系和师资培养体系。

目前,幼儿体育的研究热点主要有幼儿身体活动的测量评价、幼儿生活方式与超重或肥胖及其预防干预研究、幼儿动作发展研究、幼儿健康促进运动环境的研究。幼儿体育师资培训方面的研究主要指幼儿体育活动师资培养过程由单一体育项目向综合体育项目转变,幼儿体育活动师资培养方式由快速短线培训向精细长线培训转变。幼儿体育活动组织形式方面的研究主要是幼儿体育活动由原来的单一项目向"多项目""综合化""智能化"方向发展。体育活动的"多项目"是指在幼儿体育活动中,根据幼儿身体的生长发育特点,走、跑、跳、爬、滚、投等基本动作原理,设计多项目、交叉项目且有趣味性的体育游戏。由此可见,幼儿体育活动不再局限于简单的重视组织形式,而开始将智能设备、智能功能融合,在幼儿体育活动中通过设计活动形式增加具有童趣的活动内容,激发幼儿参加体育锻炼的积极性,促进幼儿身体、心理、认知水平和社会适应能力的发展。

幼儿体育活动在科研、实践方面还有很大的提升空间,需要发动全社会力量促进幼儿体育的综合发展,推动体育、教育部门协同配合,积极开展幼儿体育师资培训计划;保证幼儿体育活动的面积与环境,推进各个层级幼儿体育中心或者基地的建设;动员社会广泛参与,营造幼儿参加体育活动的良好氛围;开展幼儿体质健康发展的科研工作,以科技助力幼儿体质全流程监测、幼儿体质健康评价常态化运行;提高幼儿体育的科研水平,助推幼儿体育实现持续健康发展。

# 第四节　幼儿体育活动的基本理论

## 一、国内幼儿体育活动的课程内容研究

1996年6月1日颁布实施的《幼儿园工作规程》实质上从课程的行政标准方面界定了学前教育课程内容的主要表现形式——活动。活动作为幼儿学前教育课程的基本内容，是实现幼儿体育教育效果的关键载体。国家关于幼儿教育的指导方针、性质、价值取向决定着幼儿体育活动的内容研究。

2001年，教育部印发《幼儿园教育指导纲要》(试行)，是学前教育方面的纲领性文件，为学龄前儿童在健康、语言、社会、科学、艺术五个领域设定了"阶梯状"的成长标准，其中健康领域是其他四个领域的基础。促进幼儿对体育活动的积极参与是幼儿园体育教育的重要目标，具体是喜欢参加体育活动，使得动作协调、灵活。幼儿教师可以根据幼儿的身体特点、心理特点，组织生动有趣、形式多样的体育活动，吸引幼儿主动参与；在活动内容上，如游戏、户外活动、竞赛、运动会等，要培养幼儿参加体育活动的规则、习惯，增强其体质及提高对环境的适应能力；用幼儿感兴趣的方式发展基本动作，提高动作的速度能力、灵敏素质；在体育活动中培养幼儿坚毅、团结、果敢、自信、坚持不懈、不怕困难的意志品质和积极、合作、信任、阳光的心态。

2003年4月，国家体育总局群众体育司发布了《国民体质测定标准手册》(幼儿部分)，其适用对象为3~6周岁的中国幼儿。按年龄、性别分组，3~5岁每0.5岁为一组，6岁为一组，男、女共计14个组别。测试指标包括身体形态和素质两类。身体形态方面主要测试身高、体重。身体素质方面测试内容包括10米折返跑、立定跳远、网球掷远、双脚连续跳、坐位体前屈、走平衡木6项。综合评级是根据受试者各单项得分之和确定，共分四个等级：一级（优秀）、二级（良好）、三级（合格）、四级（不合格）。任意一项指标无分者，不进行综合评级。测试方法则采用单项评分和综合评级进行评定。单项评分包括身高、标准体重评分和其他单项指标评分，采用5分制。

2011年《中国成人身体活动指南》出版，针对儿童、青少年身体活动的指南尚未出台。2012年10月9日，为深入贯彻《国家中长期教育改革和发展规划纲要（2010—2020年）》和《国务院关于当前发展学前教育的若干意见》，教育部正式颁布《3~6岁儿童学习与发展指南》，对幼儿体育活动的具体方法和建议提出了具体的行动纲领，指导幼儿园和家庭实施

科学的保育和教育,促进幼儿身心全面和谐发展。健康是《3~6岁儿童学习与发展指南》中最重要的部分,健康包括身体和心理两个方面,是身体上、心理上、精神上的积极状态,也是一种对环境的良好互相适应的状态。《教育部关于保证中小学体育课课时的通知》发布后,各地根据《基础教育课程改革纲要(试行)》精神和《体育(1~6年级)、体育与健康(7~9年级)课程标准》的要求,实施《义务教育课程设置实验方案》规定的义务教育阶段体育(体育与健康)课占总课时10%~11%,1~2年级体育课相当于每周4课时,3~6年级体育课每周3课时。各地在制订体育课程实施计划时,应明确小学体育和初中体育与健康课的周课时要求,确保开足体育课。

《义务教育语文等学科课程标准》(2011年版)和《义务教育体育与健康课程标准》(2011年版)根据水平一(小学1~2年级)、水平二(小学3~4年级)、水平三(小学5~6年级)分别设置了四大学习领域内容,即运动参与、运动技能、身体健康、心理健康和社会适应。2001年6月,教育部印发《基础教育课程改革纲要(试行)》,提出改变课程内容和过于注重书本知识的现状,主要将课程内容与现代化的发展与社会生活相联系,关注学生的学习兴趣和学习习惯,重视学习必备的基础知识和基本运动技能。目前,我国3~6岁幼儿接受体育活动内容的主要场所是幼儿园,但是幼儿园活动内容比较单一,在内容设置上相对随意,对幼儿身体的发育规律、科学锻炼方法、心理素质的锻炼有涉及,但整体缺乏系统性、科学性、安全性、规范性的指引。

2014年,在我国的国民体质测试中,4~5岁男性幼儿的网球投掷、走平衡木、10米往返跑项目的成绩有所下降。4~5岁女性幼儿坐位体前屈成绩有所下降。[1]2016年,中国全国诊疗总量已经达到78亿人次且持续上涨,国民体质不断下降。因此,需要加强对幼儿体育活动的重视,让每个幼儿养成良好的运动习惯,探究"健康中国"背景下的幼儿体育活动发展趋势,以增进社会对幼儿体育活动的了解,推动我国幼儿体育活动的科学化、规范化发展。

幼儿体育活动的载体主要是课程,课程内容是课程价值的主要载体。"课程内容"这一概念至今尚无统一的定义。有人认为课程内容就是经验,有人认为课程内容就是知识,有人认为课程内容就是实践。笔者认为幼儿体育活动课程的内容包括丰富的知识和实践,是一门动静结合的课程。幼儿时期是幼儿教育的黄金期,其身体形态、生理发育、心理发育都发生着快速的变化,他们的健康状况和生活行为方式对成年后的健康产生深远影响。

---

[1] 刘育伯.幼儿体能训练对4~5岁幼儿身体素质影响研究[D].哈尔滨:哈尔滨师范大学,2020:89.

由于幼儿正处在生长发育的关键期,无论是身体上还是心理上都处于特殊的时期,幼儿体育活动课程内容必须根据他们所处的年龄阶段进行设计与实施。《运动训练学》中提出,幼儿的骨骼系统与成人不同,在这一时期应该多设置一些自重力量训练来提高力量和速度素质,激发幼儿的兴趣,并且要采取多种措施保护幼儿的安全。身体素质是一种能力,最基本的体能是一个衡量标准,即运动期间表现出的速度、耐力、灵活性、爆发力等。速度素质是人体快速移动的能力,反映了人体运动的能力。幼儿大肌肉群的运动可以提升知觉、感觉、心理状态,精细运动也可以促进幼儿的智力和感知觉能力。幼儿的灵敏素质水平与年龄成正相关,是一种复杂的身体素质,主要反映关节的灵活度及身体的柔韧性,也是大脑神经系统对机体调节反应时的一项综合性运动素质。平衡是运动能力的基础,4~6岁是幼儿平衡能力发展的重要阶段,通过平衡动作的学习,幼儿前庭器官的稳定性对减少幼儿的运动损伤、提高幼儿适应运动环境的能力,从而使幼儿的生活适应能力得到相应提高具有重要作用。3岁是幼儿跳跃技能形成的关键期,幼儿年龄增长到4岁之后下蹲和落地动作越发规范,4岁半以后下肢力量素质提升、跳跃动作形成,5岁之后接近成人的跳跃动作能力。[1]幼儿体育活动应根据不同年龄幼儿的生理发展规律确定不同的内容。

## 二、国外幼儿体育活动的课程内容研究

国外对幼儿体育活动的研究起步较早。2018年6月,世界卫生组织指出,目前全球3/4的儿童、青少年未达到全球身体活动指南基本要求(2018—2030年全球身体活动促进计划)。"身体素养(体育素养)"一词最早出现于1938年,曾在美国杂志《健康与体育教育》上登载的文章中被提及。近年来,"身体素养"受到了越来越多研究者的重视。1993年,英国学者怀特海在国际女性体育教育与运动大会上正式提出体育素养(Physical Literacy,PL)的概念。从身体层面上讲,素养不仅涉及参加中度到大强度身体活动(Moderate to Vigorous Physical Activity,MVPA),而且涉及在各种运动中的信心、能力和热情,是以适当的技术和热情进行每次运动。2015年,联合国教科文组织首次把"身体素养"作为体育的目的之一。"身体素养是儿童、青少年全方位发展的基础,它是体育教育的重要成果,是每一个想取得成就的人的综合基础能力",这是2010年《关于体育教育的国际立场声明》明

---

[1] 田麦久.运动训练学[M].北京:北京体育大学出版社,2006:67-68.

确指出的一个观点。[1]国际社会越来越认可"身体素养"这一概念,英格兰、美国、加拿大及澳大利亚等国家不断出台有关"身体素养"的各种举措与方针。2015年,国际身体素养协会将"身体素养"纳入了新的《国际体育教育、体育活动和体育运动宪章》,并将身体素养统一为:终身参与身体活动所需要的动机、信心、身体能力、知识以及理解终身参与身体活动的价值和应承担的责任。早在2008年开始,加拿大就针对小学阶

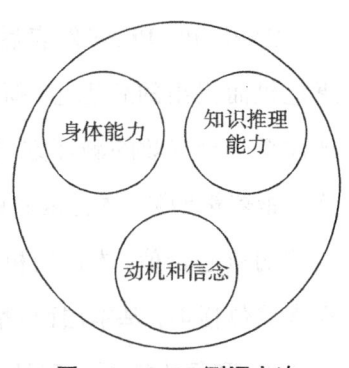

图1-1 CAPL测评方法

段的体育素养进行研发,这套测评体系主要包括日常行为、身体能力、动机、信心,它们分别占比32%、32%、18%、18%,总分100分,在2014年完成了再次修订。通过体育素养测评体系,儿童、青少年从日常行为、身体能力、动机与信心、知识与理解全面提高自己的体育素养,形成积极、阳光、热爱运动、健康的生活方式。加拿大有三种身体素养(体育素养)测评方法,即CAPL、PL、PLAY,加拿大健康积极生活与肥胖研究小组研发的被称为CAPL,PL是加拿大体育与健康教育组织研发的,PLAY是加拿大终身体育组织研发的。CAPL模式是身体能力、知识推理能力、动机和信念的组合(见图1-1)。这三种测评方法都需要以填写问卷的方式完成,通过问卷可以了解青少年的体育动机、具备的体育知识、对体育的理解及日常的体育行为,测评需要教师或者专业人士协助完成。不同的机构对调查问卷的侧重点不同,有的侧重体育参与度,有的需要结合多种因素来评价青少年、儿童的身体策略、终身体育的意识。

PL是一种综合性问卷,需要父母、教师、青少年、儿童共同完成问卷(见图1-2)。根据不同的问卷,测试的结果基本无差异,可以很好地测评出青少年、儿童的体育素养,提出更好的运动策略帮助青少年、儿童成长。

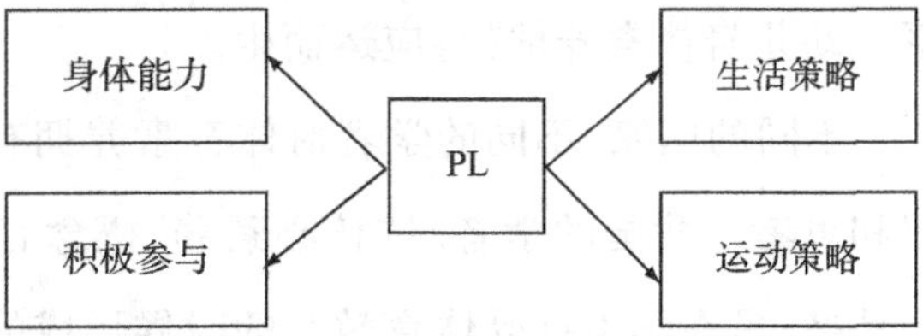

PLAY测评方法包括身体能力、知识与理解力、终身体育参与、动机与信念,这四个方面对幼儿的综合运动能力进行了概括(见图1-3)。

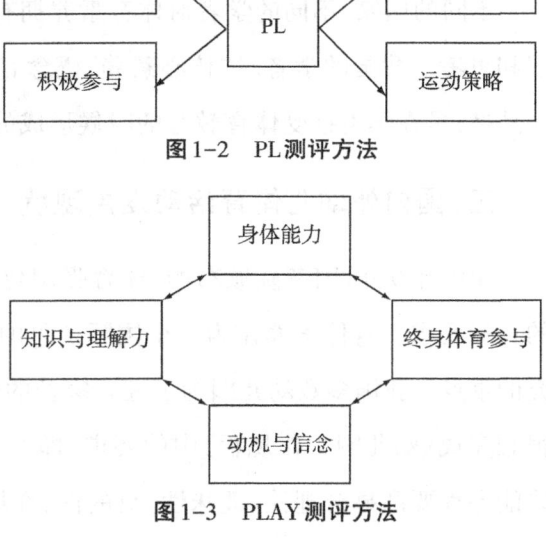

图1-2 PL测评方法

图1-3 PLAY测评方法

---

[1] 陈思同,刘阳.加拿大体育素养测评研究及启示[J].体育科学,2016,36(3):44-51.

CAPL、PL、PLAY发表后,引起了世界范围内的热议,身体素养是当今世界为了应对健康危机而提出的新思想、新理念、新思路,体育素养成为体育界、教育界公认的青少年测评体系中最有效的测评方式,成为加拿大体育界、教育界的研究热点。2015年的《加拿大体育素养声明》对体育素养的概念和维度进行重申,将终身体育的基础和结果定位为体育素养的核心价值,体育动机、体育行为、身体自信、体育知识是体育素养的四个维度。体育素养包括4个基本层面:情感层面(动机和信念)、身体层面(身体能力)、认知层面(知识和认识)和行为层面。三种测评方法既有相似点,又有差异。身体层面上,CAPL中的身体素质是一个不容忽视的基础测试,主要测试BMI、腰围、握力、平板支撑、坐位体前屈、15米或20米折返跑;PL测评方法中身体能力主要测试平衡性或稳定性、核心力量、心血管耐力项目动作的能力;PLAY测评方法在身体能力上主要是折返跑、单脚跳、过肩扔球、踢球、平衡移动5个动作。在情感层面,三种方法都关注受测试者参与体育活动的积极性、参与多种体育活动的频率与状态。在认知层面,三种方法都关注受测者对心肺功能概念的理解、对提高体能方式的理解、运动时的信心和理解力、运动时的效能;CAPL中特别关注了日常行为的维度,如每周参加中、高强度运动的总时长。身体素养测评内容是体育运动的重点核心内容,是体育运动的外化考核内容。

2017年,英国将身体素养变成国家级标准,美国也紧随其后,不仅将身体素养纳入国家教育、体育的政策性文件,而且提出把体育素养的培养提前到婴儿阶段。在多国的推动下,《幼儿身体素养框架》应运而生。

不同的国家、不同的学者对体育素养拥有不同的观点,对身体素养的含义有不同的理解和思考。我国的学者对"核心素养"概念有着统一的认识,他们认为体育素养是一种人格品格,是在学生接受体育教育的时候形成的关键运动能力[1]。

### 三、国内外幼儿体育活动发展现状

2019年9月,国务院颁布的《体育强国建设纲要》中特别提出了发展青少年身体素养的目标要求。身体素养作为一个国际认可的体育改革和体育新概念,也成为我国体育研究的重点。我国多数幼儿园为了迎合家长的意愿,避免活动中发生意外,在幼儿运动方面很难完成《幼儿园工作规程》中的要求,即"一天当中的运动时长要超过120分钟"。幼儿体能课程要凸显合理性、趣味性、目的性,在培养幼儿运动素质同时,促进其心理健康,在

---

[1] 陈思同,刘阳.对我国体育素养概念的理解:给予对于Phisical Literacy的解读[J].体育科学,2017(6):40.

设计体能训练时要充分考虑幼儿的身心特点,安排合理的运动量,在体能实施过程中要运用多种教学方法吸引幼儿。活动组分层设置幼儿体育活动及其内容体系,不同层次和性别的幼儿对体育活动的接受能力及身心发展都是有差别的,尽管幼儿体育活动的目标是统一的,但是应在内容的设置上灵活多变,根据幼儿身体的发展规律和实际需求进行分层体育活动教学,通过循序渐进的方式调整他们的身体机能、强健身体。体育教师应该建立分层幼儿体育活动教学内容体系,也要创建一个幼儿体育活动的教学指标评价体系,为在精心选取合适的体育游戏项目后让幼儿可以参与进来,并遵守相应的规则。家长与教师可以发挥榜样作用,科学地引导幼儿进行游戏。

国际身体素养协会对于身体能力和运动能力的不同有明确的认识:身体能力是各个身体组织协调配合掌握运动技能及各种运动技巧的能力,每个人在不同运动时间和不同的运动强度变化中表现出的适应能力;运动能力是身体能力的更高要求,不仅要求体能,还是技术、战术、心理、智能的综合体现。身体能力和运动能力的侧重点不同,身体能力是基础能力的要求,运动能力是对运动综合能力的要求。身体能力发展的先决条件是人的基础身体能力,如攀爬、行走、跳跃、投掷等。身体能力通过不同的排列组合形成复杂的技术动作,为人们参与身体活动打下坚实的基础;运动能力只是以体育课作为载体,通过教师的"教"与学生的"学"共同作用下努力掌握的成果。通过定义,我们可以清晰地看到,身体能力是一切运动能力发展的基础,体现在每一个生活细节中,想要获得更高的运动能力需要接受更好的体育运动教育,从而获得运动技术、战术、智慧。专项运动能力与身体能力的不同之处是具有较强的针对性,必须对所学的运动项目学精、学透,甚至在某个阶段达到自己的最佳状态,而且需要专业的体育教师教授。

体育学科核心素养中的体育品德是通过上课让幼儿体验到伙伴之间的配合,塑造幼儿面对不同情况处理情绪与心理的能力,在体育锻炼、体育比赛过程中可以培养幼儿公平竞争、胜不骄败不馁、团结协作、不断突破自我极限的心理素质,最终获得成就感、喜悦感、满足感。体育课程可以通过设置重点与难点,让幼儿产生运动兴趣,通过学习运动技术可以不断增强幼儿身体素质,让其身心共同成长,在体育学习的过程中让幼儿懂得纪律、责任,营造规范的体育学习氛围,从而不断提升幼儿的体育素质、体育素养。

## 第五节 幼儿体育运动的系统性

### 一、幼儿体育活动的课程特点

学前儿童认识能力和接受能力差,对抽象的概念与理论难以理解,对具体的、形象的内容更易理解。幼儿的认知更多地来自父母或幼儿教师传授的知识。

幼儿认知能力有限,还没有学会系统的分析、比较、总结,所以幼儿体育活动的内容、形式应具体化、简洁化。教育的本质不是适应,而是改善和提高,因此幼儿体育活动的内容、形式也需要将幼儿在生活、游戏、观察中的简单知识组成系统,促使幼儿掌握系统性的知识、方法、经验。

幼儿体育活动内容一定要重视幼儿积极主动获得知识及各种经验的过程。

### 二、幼儿体育活动内容的特征

(一)启蒙性

幼儿体育活动是终身体育的开端,肩负着启蒙幼儿心智的重任。幼儿体育活动的内容不能脱离幼儿身心发展实际,不要过于繁杂。蒙特梭利认为,3岁儿童已经打下了作为一个人的人格基础。遵从从无到有的过程,儿童的身体运动能力、心理过程、个性特征都有一个启蒙的过程。幼儿体育活动必须是一个心智启蒙的过程。各个年龄段都需要有一定衔接,如2~3岁、3~4岁、4~5岁、5~6岁。幼儿体育活动的内容需要根据幼儿的认知能力进行阶段性的安排。由于幼儿喜欢对形象、情节、画面加以概括、描绘,所以幼儿体育活动内容需要精心安排。

(二)兴趣性

兴趣是最好的老师。幼儿容易受到外界事物、环境变化的影响,兴趣的直接性、表面性较强。兴趣是幼儿行为的动机。体育活动的内容需要符合儿童的心理特点,激发儿童学习与活动的兴趣。美国教育学家约翰·杜威关于儿童本能与兴趣的观点给我们带来启示。他认为,儿童有四种本能:一是社会本能,体现在谈话、个人交际和沟通之中;二是制造本能,建设性冲动,然后具体化为制成物;三是调查或者研究本能;四是艺术本能,从这四种本能中演化出儿童的四种兴趣:一是与谈话者沟通的兴趣;二是质疑或探究事物的兴趣;三是制造或者组织的兴趣;四是艺术表达的兴趣。儿童通常对自己熟悉的和与自己有关系的内容容易产生兴趣,如打雪仗、男孩子"爬高"。一些内容具有一定的"强迫性",不管儿童是否感兴趣,他们都必须接受。因此,幼儿体育活动可以设置"有趣的内容和不得不学的内容"。

(三)游戏化

游戏满足了幼儿身心发展的基本需要。幼儿在游戏中活动就是目的。在游戏中,幼儿可以充分展开想象,身心都得到满足。游戏是幼儿最佳的学习方式和活动。游戏是综合性的活动,儿童可以得到综合性的乐趣、获得全面的发展。幼儿体育活动内容以游戏为重要部分,照顾了幼儿的兴趣。游戏可以很好地发展儿童的想象力。

(四)集体性

幼儿在体育活动过程中,不仅需要个体与个体之间的相互作用,也需要与环境互相作用、适应。我们要让幼儿更主动地参与体育活动。幼儿需要通过社交沟通锻炼自己的语言能力,通过集体活动获得在集体中处理竞争、矛盾、情绪等心理建设启蒙。

(五)发展性

幼儿体育活动要遵循儿童的生理、心理发展的规律及学习规律,课程目标合理,课程顺序、课程秩序都需要符合年龄特征,要根据儿童心理发展顺序设置内容体现出层次性,由简单到复杂、由具体到抽象,培养幼儿持久的能力,促进幼儿心理机能、生理机能由低级到高级的转化。

笔者根据《幼儿园教育指导纲要》《指南》《国民体质测试标准(3~6岁)》,将国际上目前流行的身体素养(体育素养)作为理论依据,选择四个项目作为幼儿体育活动课程的主要内容,即体适能、平衡车、小篮球、武术。每门课程可分为基础体能、运动智能、运动表现、运动实战、运动文化。基础体能训练,即以提高速度、力量、耐力、平衡、柔韧、协调、灵敏度、爆发力为目标的身体能力训练;运动表现,即每个运动项目的专项运动技术动作;运动智能,即每个运动项目的操控或物体控制技能;运动实战,即每个运动项目的赛事或者比赛;运动文化,即每个项目除了所有运动项目中的认知、理解外的独特之处。

# 第二章 幼儿体育活动的教学方法、赛事组织与风险管理

## 第一节 幼儿体育活动教学方法

传统教育学派的代表凯洛夫认为,教学方法就是"教师的工作方法"。他把教学过程分为"感知—理解—巩固—运用"四个阶段,提出叙述、演讲、探究、演示、参观、阅读书籍、实验、观察、练习、复习等教学方法,认为教学方法要以教师为中心、课堂为中心、教材为中心。20世纪60年代,布鲁纳大力提倡并广泛应用发现法,发现学习是以学术为中心的教学方法,就是以培养学术的探究性思维方法为目标,让幼儿不断发现事物的本质,也要参考教材,使得幼儿通过不断发现的步骤进行自我学习[1]。

现代教育学认为,教学方法中不能只强调教师的作用,也要有教师与幼儿的相互结合。不能过分强调教师的作用而忽略幼儿的学习方法,因为教学不仅包含教师也包含幼儿,不能将他们割裂。[2]教学方法是教师和幼儿为实现教学目标、教学目的、完成教学任务所采用的一整套工作方式。体育教学方法是师生共同完成体育教学活动所采用的手段,而并非只指教学的方法。幼儿体育活动教学方法就是幼儿与教师为使幼儿的身体、心理达到最佳状态,使得幼儿掌握体育活动知识、经验、技能、技术而形成的一系列行为和动作的总和。

### 一、幼儿体育活动教学方法的分类

如表2-1所示,按照教学方法的功能对教学方法进行分类,以传授知识技能为主的教学方法有3种、以发展学习能力为主的教学方法有4种、以形成心理品质为主的教学方法有3种、以培养团结协作为主的教学方法有2种。幼儿教师应根据不同的教学目标选择不同的体育教学方法。

---

[1] 杨国庆,彭小伟.体育教学方法论[M].北京:人民体育出版社,2011.
[2] 苏祝捷,毛振明.论体育教学策略的应用[J].西安体育学院学报,2011(11):25.

表2-1 按教学方法的功能的教学方法分类

| 以传授知识技能为主 | 以发展学习能力为主 | 以形成心理品质为主 | 以培养团结协作为主 |
| --- | --- | --- | --- |
| 程序教学法 | 发现教学法 | 游戏教学法 | 小群体教学法 |
| 掌握教学法 | 学导教学法 | 比赛教学法 | 运动教育教学法 |
| 领会教学法 | 问题教学法 | 情景教学法 | |
| | 案例教学法 | | |

如表2-2所示,按照教学信息的传播途径对教学方法进行分类,以听说方式为主的教学方法有3种、以直接感受方式为主的教学方法有4种、以实际训练方式为主的教学方法有4种、以探究思维方式为主的教学方法有2种。教师应根据教学内容的不同选用不同的体育教学方法。

表2-2 按教学信息的传播途径的教学方法分类

| 以听说方式为主 | 以直接感受方式为主 | 以实际训练方式为主 | 以探究思维方式为主 |
| --- | --- | --- | --- |
| 语言法 | 观察法 | 分解练习法 | 引导法 |
| 问答法 | 示范法 | 完整练习法 | 发现法 |
| 讨论法 | 演示法 | 重复练习法 | |
| | 模仿法 | 循环练习法 | |

按照教与学的技能分类,体育教法有7种,分别是讲解法、示范法、演示法、辅导法、答疑法、引导法、反馈法。体育学法有7种,分别是听讲法、观察法、模仿法、练习法、质疑法、讨论法、展示法。体育教学的教法和学法相辅相成,教师不仅要重视教法,也要重视学生的学法。幼儿体育活动可以用不同的教法与学法让幼儿学到不同的内容,充分发挥幼儿的能动性、创造性,培养他们独立思考的习惯,较快地掌握所学运动技术动作和相关知识、方法及原理,从小奠定运动学习力[1]。

在幼儿体育活动教学中使用不同的教学方法时,应注意教学方法是以培养幼儿广泛的兴趣、特长,树立幼儿"终身体育"的锻炼意识为目标的。幼儿体育活动的趣味性、情境性、实践性是体育活动教学方法的重要特点与基本原则。要根据幼儿的年龄、个体差异、身心特点及认知水平的不同,有针对性地将不同的教学方法运用于体育活动内容,营造平等、和谐、宽松的课堂环境,只有让幼儿在快乐中学习,才能综合、全面地提高幼儿的运动技术、身体素质,挖掘幼儿运动潜能,从而能够运用有效的方法提高幼儿的

---

[1] 陈中林,钟振新.中小学体育活动内容的设置与教法创新[J].北京体育大学学报,2003(3):30.

身体素质。不同的教学方法可有效激发幼儿对运动学习的兴趣,从而提高幼儿体育活动教学质量。

## 二、幼儿体育活动的教学规范与流程

幼儿教师在体育活动中要按照教学规范与流程进行教学,包括教姿教态、课堂礼仪、教师情绪、教师声音、教学组织等9个方面(以武术教学为例,如表2-3所示)。教师要全方位地要求自己,在执行的过程中可以从易到难、从一点到多点。

表2-3 幼儿武术教师的教学规范与流程

| 规范与流程 | 具体要求 |
| --- | --- |
| 教姿教态 | ①眼神坚定,顾及每一位幼儿;<br>②站姿:后背挺直,手臂随动,不背手;<br>③跪姿:单膝跪地辅助,后背挺直;<br>④坐姿:盘腿,双手放膝盖上;<br>⑤示范动作标准:有爆发力,有精气神,有速度 |
| 课堂礼仪 | ①要求幼儿穿练功服;<br>②幼儿见到教师时要以标准的抱拳礼问好;<br>③教师和幼儿进场地需换鞋;<br>④上课、下课要求:行抱拳礼,师生彼此问好 |
| 教师情绪 | ①教师肢体语言与面部表情要夸张,幼儿为5岁以下的课堂语言儿童化、6岁以上的课堂语言要专业;<br>②语言要具有带动性,幼儿为5岁以下的以故事情节为主、6岁以上的以专业知识要求为主;<br>③对慢热的幼儿给予积极的情绪反馈,如语言表扬"你真棒!""你做得很好!""我帮助你!";<br>④对开朗的幼儿提出要求,如"你当班长!""给大家当榜样!";<br>⑤课堂气氛活跃、幼儿回应速度快 |
| 教师声音 | ①声音响亮、字正腔圆,坐在后面的家长能听到你的声音和讲解内容;<br>②不要有犹豫性的语言,如"嗯""啊""呃";<br>③术语正确,每个动作或者提要求时讲解的内容要正确;<br>④语调高低起伏,表扬和讲重点的时候要大声,管教的时候要小声;<br>⑤与家长沟通时要自信 |

续表

| 规范与流程 | 具体要求 |
| --- | --- |
| 教学组织 | ①保证幼儿的纪律和配合度,安排一项活动时幼儿回应的速度快;<br>②幼儿人数少时,若有重复动作活动可以单人依次增加难度练习;<br>③若有自主练习,安排幼儿在指定的区域自己练习,随时关注每个幼儿;<br>④集体练习时控制安全距离;<br>⑤幼儿人数多时可以进行分组练习 |
| 课程文化导入 | ①集体背诵武德训,教师领读,幼儿跟读;<br>②互动式武德训,教师起头念一个字,幼儿接念一段;<br>③每节课要讲解武德训中一句话的含义 |
| 热身关节活动 | ①头部:1八拍,左转4拍,右转4拍;<br>②肩部:1八拍,前转4拍,后转4拍;<br>③腰部:1八拍,1拍一转,先左后右;<br>④膝关节:1八拍,左转4拍,右转4拍;<br>⑤手脚腕:1八拍,左脚4拍,右脚4拍 |
| 体能练习 | ①跑步3~10圈;<br>②要求幼儿往前顶膝跨远;<br>③要求幼儿后腿抬高摆臂;<br>④强调两呼两吸 |
| 柔韧练习 | ①辅助方法正确;<br>②模仿阶段、自主阶段、提高阶段,熟练分析三种教法的使用;<br>③训练数量达标,每节课规定技能数量8~20个;<br>④大纲项目不能少 |

## 第二节 幼儿体育竞赛组织

体育竞赛是阐释体育精神的最佳途径,也是开展体育活动的平台与方法,对调动参与体育锻炼的积极性起着推动作用。通过组织体育赛事可以展示平时运动的成果与进步,对促进体育运动水平的提高也有帮助。可以说,体育赛事就是体育发展的杠杆与支点。

### 一、我国幼儿体育竞赛开展的现状

长期以来,我国幼儿教育不属于九年义务教育,在大、中、小学各类体育竞赛活动如火如荼开展的同时,幼儿体育赛事却发展缓慢,相关研究也很少。

幼儿体育赛事开展不足的原因:一是幼儿体育赛事的举办方大多是幼儿园,主要以活动、运动会的形式。由于学前教育中长期存在"重智轻体"的思想,一些幼儿园并未重视或开展体育活动、体育竞赛。幼儿家长接触体育赛事的渠道不多,幼儿体育赛事与中、小学体育赛事相比明显缺失,因此需要通过更多的途径激发幼儿感受体育精神与体育文化。二是幼儿体育赛事缺乏专业的组织人员,更多是幼儿园教师临时组织,他们更多承担的是保育责任,尚未接受系统科学的体育教育训练。我国学前教育专业也未将幼儿体育教育纳入必修课程,造成幼儿体育师资的严重短缺。虽然园外俱乐部等机构可以自己组织,但因受到场地、审批等因素的影响,尚未形成具有社会影响力的赛事品牌。三是由于幼儿年龄的特殊性,在参加体育赛事需要监护人的陪同,同时很多项目的安全性、科学性、规范性未受监管,存在一定的运动风险,所以参与者对参加幼儿体育赛事持观望态度。

为了提高全民健身的参与度,2014年国务院颁布的《关于加快发展体育产业促进体育消费的若干意见》中明确要求:"取消群众性体育赛事活动审批,通过市场机制积极引入社会资本承办赛事"。2018年年底,国务院办公厅发布的《关于加快发展体育竞赛表演产业的指导意见》指出,到2025年我国体育竞赛表演产业总规模将达2万亿元。

我国幼儿体育赛事也有了较大进展。2019年的中国超能少年赛是一种幼儿体适能的赛事,它的前身是"超级小飞侠",是爱酷体育的独立赛事IP。2020年11月,国家体育总局社会体育指导中心主办了全国幼儿体育趣味赛,主要针对学龄前儿童,根据不同年龄段幼儿身心发展的特点,设置了平衡车、游泳、快乐体操、足球、篮球等形式多样的赛事体验项目。2019年10月19日,全国幼儿体育趣味赛暨X-Mudder犀牛小勇士障碍赛(成都站)在华熙LIVE-528音乐广场开启。2019年全国幼儿体育趣味赛暨PBC幼儿滑步车成功举办。2019年10月27日,全国幼儿体育趣味赛暨幼儿游泳大赛(苏州站)在苏州奥体中心举办。2019年11月23日,全国幼儿体育趣味赛暨飞跃挑战赛在上海举行。2019年12月22日,全国幼儿体育趣味赛暨X-Mudder犀牛小勇士障碍赛(合肥站)正式启动。2019年11月29日,由国家体育总局社会体育指导中心、武汉市体育局、武汉市江岸区人民政府主办,武汉市社会体育指导中心承办,全国幼儿体育趣味赛组委会运营推广的2020年全国幼儿体育趣味赛总决赛在武汉市全民健身中心举行。全国幼儿体育趣味赛也是目前国内官方举办的最大的幼儿赛事。

## 二、我国幼儿体育赛事开展的策略

(1)积极开展体教融合,让幼儿体育赛事得到松绑。由于幼儿体育赛事属于业余赛事,更多是为了让幼儿积极参加体育运动,更健康、更快乐,应该积极倡导社会办赛,让社会力量积极参与进来,同时教育局积极支持倡导,体育局提供专业指导与帮助,让幼儿体育赛事的开展既有参与度又有专业度。

（2）将中、小学体育赛事的内容简化，扩展幼儿体育赛事的内涵与外延。由于目前幼儿体育赛事开展较少，可以参考的办赛经验较少，可以参考借鉴全国青少年单项联赛制赛事（如游泳、篮球、足球、武术等项目）、U系列赛事等，将其规则简化，对幼儿赛事的组织、规则进行升级。

（3）积极创新开展符合幼儿的赛事IP。由于幼儿年龄、认知、心理的特殊性，幼儿体育赛事的组织、策划、医务、安保需要特殊考虑。如何打造符合幼儿特点的品牌赛事，需要从赛事筹办、赛事策划、赛事宣传、赛事推广等多方面运营统筹，从赛事服务、赛事参与人员等环节寻找与其他年龄段体育赛事的差异，塑造幼儿体育赛事阳光、运动、健康的品牌形象，从而营造全社会积极参与体育运动的氛围。

（4）积极出台扶持政策与制度，为幼儿体育赛事保驾护航。国家层面积极出台政策，为幼儿体育提供更多的支持与帮助，还需要各级体育协会、企业、社区、政府、参赛者共同助力赛事举办，政府提供规则、监管，让赛事有序开展。

幼儿体育赛事是幼儿体育活动的重要组成部分，丰富有趣的幼儿体育竞赛是加强我国幼儿体育活动体系建设的关键。幼儿体育赛事的组织管理可以从四个层面开展，即政府提供监管领导、协会负责发起与管理、社会积极响应参与、业余体育俱乐部承办开发赛事。另外，政府主管部门可尝试建立赛事评价机制，让每一次赛事的健身性、公益性、商业性、教育性都可以实现。通过监管、组织、评价的三方分离，赛事的开展会更有序，实现通过幼儿体育赛事提高幼儿的身体素质、自信自尊、人际交往能力、肢体表现力、克服社交障碍等目标。

## 第三节 幼儿体育活动风险管理

幼儿体育活动中的安全风险也是幼儿体育教育研究不可回避的重要问题。近年来，幼儿体育各项目俱乐部、幼儿体育培训机构开办越来越火热，随着《全国健身条例》等一系列政策的推出，全民健身已经成为趋势。随之而来的是体育运动中发生的各种运动损伤、运动安全事故。虽然幼儿对未知世界的探索欲很强，也愿意去尝试冒险动作与难度动作，但由于幼儿自身的运动能力弱、运动知识少和缺乏对危险动作的认知，所以幼儿体育活动存在很大的安全风险。如何安全有效地安排幼儿体育活动是各组织者亟须解决的问题。

## 一、幼儿体育活动安全风险管理的致因

下面从幼儿、教师、监护人三个角度分析幼儿体育活动安全风险管理的致因。

(一)幼儿的生理与心理原因

幼儿正处在生长发育的初期,无论是身体的柔韧性、平衡感、协调能力,还是速度、耐力都处于启蒙阶段,对身体的控制与感知尚在初学期,对动作技能的掌握还没有达到自动化阶段,对体育活动中的突发情况不能做出迅速反应,这就容易发生运动过量或运动伤害。

同时,幼儿尚未建立身体自信,身体自尊水平较低,对体育运动存在畏难情绪,专注力、意志力和抗打击能力都很弱,一旦其体育动作与体育技术未达到自己的期待,就很容易出现动作变形的情况,进而发生运动伤害。

(二)教师的原因

幼儿体育活动的指导教师大多为幼儿园教师或者培训机构教练,他们中有很多没有接受专业的体育教育技能培训,因此容易使幼儿造成运动损伤。首先,教师自身的运动能力决定了他们是否能正确地指导与示范动作,如果他们的示范与指导能力不高、安全保护能力不足,幼儿就容易出现运动损伤。其次,教师的教学方法与技能的高低也是影响幼儿体育活动风险的原因,在幼儿体育活动组织过程中的教学组织、教学语言、教学口令、教学步骤、教学方法安排与组织的不当,也容易增加幼儿在体育活动中产生运动损伤的风险。最后,教师的职业操守不高也容易造成幼儿运动损伤。每位幼儿体育教师在体育活动中都要更有责任心、爱心与耐心,这样才能对幼儿体育活动中的每个环节进行认真思考。

(三)监护人的原因

在幼儿体育活动中,监护人也是一个不可忽视的因素。监护人在陪伴幼儿运动的过程中都要增强运动安全风险意识,教育孩子在体育活动中不逞强、学会求助、学会表达、学会谦虚。同时,监护人对幼儿体育活动的场地与环境要进行合理的判断,让幼儿在安全与卫生的环境中进行运动。

## 二、幼儿体育活动安全风险管理的对策

1. 要树立体育活动安全风险防范意识

幼儿体育活动主要是学习简单的体育知识与技能,培养幼儿持之以恒、不怕困难的体育精神,从事幼儿体育活动的相关人员要熟练掌握运动风险防护的知识,将体育活动的安全风险作为基础部分,树立没有运动风险防护的知识、其他都为零的思想,明确体育活动的基础是安全第一,对不安全的案例反复进行讲解,告知幼儿产生的后果,对运动安全风险保持防范与重视的态度,不可麻痹大意。

2. 相关人员要学习体育活动风险防范知识、技能

从事幼儿体育活动的相关人员要掌握幼儿心理、身体发育的规律,学习体育卫生保健知识与运动损伤防护、运动损伤救助、预防运动损伤的多种方法及急救知识。

3. 要编排适合幼儿的体育活动内容

幼儿体育活动内容的编排应该充分考虑幼儿的肌肉、运动神经、骨骼等的发育特点,活动内容应以幼儿的速度、灵敏度、协调性、柔韧性等身体素质锻炼为主,不应以负重或者力量练习为主,避免难、杂、偏等动作,多以动力性为主,少负重、无氧憋气练习。运动的强度应该符合由小到大、由易到难的规律,不可一蹴而就。教师与活动组织者更不可拔苗助长,过度训练幼儿成人化的内容,教学过程中对幼儿要多鼓励、帮助、认可,指出问题、纠正动作的语言应符合儿童心理。组织者不能按成人的标准要求幼儿,因为他们的认知、心理、注意力都尚未成熟,需要组织者、参与者的支持与帮助。

4. 充分重视体育活动之前的准备工作

体育活动前的幼儿思想教育是非常重要的。教学组织安排应符合幼儿的身心特点,教师与参与者提前备课、提前演练、提前预判,让幼儿对活动的接受由浅到深、由易到难,让每个幼儿在教师或者组织者的引导下知道什么是安全的、什么是不安全的,不断加强幼儿对自身能力的正确认识,提前讲解每个动作,将每个技术动作进行分解,对容易犯的动作错误、动作安全问题进行重点讲解,描述动作的语言必须形象化与儿童化,让他们克服对困难的恐惧、保持正确对待困难的态度。

# 第三章 幼儿体适能课程

## 第一节 体适能课程的概念

体适能课程最早源自美国20世纪50年代制定的国家青年适应能力测试(National Youth Fitness Test)中首先提出并使用体适能概念。[1]《体育与健康》一书认为,体适能是身体有足够的活力和精神进行日常事务,还有足够的精力享受余暇活动和应付突发事件而又不会过度疲劳的能力。[2]《现代高校体育教学探索》一书则认为,体适能是指人们从事需要速度、耐力、力量、柔韧性等身体活动的能力,包含健康体适能和竞技体适能。[3]中国香港、台湾地区的生理学家最早将其翻译为体适能。现阶段,国际上对体适能的分类。通常采用的是美国运动医学学会对体适能的分类,分成"健康体适能"和"技能体适能"两种。其中,健康体适能主要包括身体成分、肌肉耐力与力量、心肺耐力、柔韧性适能等;技能体适能包括平衡、速度、爆发力、灵敏性、协调性和反应时间等。技能体适能的各个要素对提高人体的运动能力有着重要作用。本书的体适能以技能体适能为主。技能体适能中所包含的平衡、速度、爆发力、灵敏性、协调性与运动能力所包含的平衡力、爆发力、耐力等相吻合,提高技能体适能也是提高运动能力,提高个体对外适应的能力。

## 第二节 幼儿体适能课程内容

幼儿体适能课程是幼儿体育活动课程的基础课程,课程内容分为热身、柔韧性、协调性、综合体能4个环节。幼儿体适能课程内容分为三个阶段,共54课时,由浅入深,遵循幼儿生长发育规律设计。表3-1~表3-8是第1~16课时的启蒙班的内容,主要的目标是对幼儿进行运动能力的启蒙,适合3~4岁幼儿;表3-9~表3-18是第17~34课时的基础班的内容,主要的目标是塑造幼儿基础运动能力,适合4~5岁幼儿;表3-19~表3-28是第35~54课时的提高班的内容,主要的目标是全面提高幼儿综合运动能力,适合5岁以后幼儿。

---

[1] 任桂英,等.儿童感觉统合评定量表的测试报告[J].中国心理卫生杂志,1994,8(4):145-147.
[2] 李建芳,陈汉华.现代高校体育教学探索[M].北京:北京体育大学出版社,2001.
[3] 汪振.儿童体适能训练对3~6岁儿童感觉统合能力影响的实验研究[D].武汉:武汉体育学院,2017:45.

## 一、第一阶段——启蒙班

### (一)幼儿体适能课程第1~2课时

**基本动作:** 平衡、蹦跳、爬动、跨越

**体适能发展目标:** 提高心肺功能、平衡能力、协调能力

**运动文化塑造:** 在每个环节的排队等待中培养幼儿的秩序感

| 课程环节 | 课程内容 | 动作要领 | 次,组间歇 | 时长 | 器材 |
| --- | --- | --- | --- | --- | --- |
| 热身运动 | 小松鼠采松果 | 往返跑:向前快速跑至折返点,拿一个标志碟后快速跑回原点并将标志碟上举放置在标志杆上<br>奔跑时注意摆臂、摆腿、拿标志碟时必须下蹲 | 2组,间歇1分钟 | 5分钟 | 标志碟 标志杆 |
|  |  | 教师引导:"我们要用最快的速度将小松果(标志碟)拿回,然后上举放置仓库(标志杆),小松果只能拿一个哦。" |  |  |  |
| 柔韧性练习 | 坐位体前屈 | 手摸脚尖 | 2组,间歇20秒 | 5分钟 | — |
| 协调性练习 | 老虎爬 | 手脚并用爬行 | 2组,间歇20秒 | 10分钟 | — |
|  | 受伤的小鸡 | 单脚跳 |  |  |  |
|  | 组合动作:匍匐爬+小兔子蹦跳+螃蟹爬行 | 小兔子蹦跳:双脚连续跳,注意双脚并拢手臂支撑<br>螃蟹爬行:手脚并用横向移动 | 2次,间歇20秒 | 10分钟 |  |
| 综合练习 | 组合动作:老虎爬+跳跃敏捷圈+平衡木+跨栏+投掷小球 | 手脚协调、蹦跳时双膝缓冲 | 2次/组,间歇1分钟 | 10分钟 | 体操垫、敏捷圈、平衡木、栏架、标志杆、锥桶、网球 |
| 操作能力练习 | 捡宝石 | 多个小标志桶中的2个标志桶内放置4个网球,幼儿依次出发将网球一个一个地捡回来 | 3组,间歇20秒 | 5分钟 | 锥形桶、网球 |

### (二)幼儿体适能课程第3~4课时

**基本动作:** 跳、推、跨越、投掷

**体适能发展目标:** 提高上肢力量、腰腹力量、弹跳能力

**运动文化塑造:** 在每个环节的排队等待中培养幼儿的秩序感

| 课程环节 | 训练内容 | 动作要领 | 次,组间歇 | 时长 | 器材 |
|---|---|---|---|---|---|
| 热身运动 | 跳房子 | 双脚跳跃绳梯训练<br>注意目视前方,保持摆臂动作 | 2组,<br>间歇1分钟 | 5分钟 | 绳梯 |
| 柔韧性练习 | 坐位体前屈 | 手摸脚尖 | 2组,<br>间歇20秒 | 5分钟 | — |
| 协调性练习 | 士兵突击 | 匍匐前进,在体操垫上设立障碍物,在匍匐前进过程中不要碰到障碍物 | 2次,<br>间歇20秒 | 10分钟 | 大体操垫<br>组合栏架 |
| 协调性练习 | 小鸭子比赛游泳 | 将锥桶纵列摆放,幼儿在标志桶中间以下蹲走的形式向前移动,后一个出发的幼儿追赶前一个出发的幼儿 | 2次,<br>间歇20秒 | 10分钟 | 锥桶 |
| 综合练习 | 学习前滚翻 | 勾头,眼睛看屁股 | 3次,<br>间歇20秒 | 10分钟 | 斜坡垫 |
| 操作能力练习 | 抛接动作 | 注意力集中,手臂伸直 | 3次,<br>间歇20秒 | 5分钟 | 网球 |

(三)幼儿体适能课程第5~6课时

**基本动作**:推、跳

**体适能发展目标**:提高上肢力量、下肢力量、移动和跳跃能力

**运动文化塑造**:完成动作过程中相互帮助、相互鼓励,培养团队意识和坚持的品质

| 课程环节 | 训练内容 | 动作要领 | 次,组间歇 | 时长 | 器材 |
|---|---|---|---|---|---|
| 热身运动 | 抱球接力跑 | 激活肌肉 | 2次,<br>间歇1分钟 | 10分钟 | 实心球 |
| 柔韧性练习 | 坐姿扳腿 | 保持身体平衡 | 10秒,<br>(换腿)/组,<br>2组,<br>间歇1分钟 | 5分钟 | — |
| 协调性练习 | 复习前滚翻<br>学习后滚翻 | 注意发力充分 | 2组,<br>间歇1分钟 | 15分钟 | 斜坡垫 |
| 协调性练习 | 组合练习 | 侧身蛇形跑+跳绳梯+跨栏走+冲刺跑<br>保持每个动作的动作到位,保持流畅度 | 4组,<br>间歇1分钟 | 15分钟 | 标志桶、标志横杆、绳梯 |

### (四)幼儿体适能课程第7~8课时

**基本动作:** 扭转、翻滚、跳跃

**体适能发展目标:** 培养核心区力量、灵敏性

**运动文化塑造:** 完成动作过程中培养坚韧的品质及合作精神

| 课程环节 | 训练内容 | 动作要领 | 次,组间歇 | 时长 | 器材 |
| --- | --- | --- | --- | --- | --- |
| 热身运动 | 跳跃小栏架灵敏性练习 | 激活中枢神经系统,提高机体温度,减少肌肉黏滞性 | 20~30秒/组,间歇1分钟 | 10分钟 | 敏捷栏 |
| 柔韧性练习 | 坐姿扳腿 | 保持身体平衡 | 10秒(换腿)/组,2组,间歇1分钟 | 5分钟 | — |
| 协调性练习 | 递增跳箱 | 将4个逐渐递增高度的跳箱依次摆放,幼儿从最低高度跳箱依次跳至最高跳箱并落地 在跳跃练习过程中一定强调手臂和髋部同时发力,并轻轻落地,落地越轻越好,注意跳跃的连贯性与落地的缓冲 | 4次/组,3组,间歇1分钟 | 15分钟 | 跳箱 |
| | 组合栏架 | 将组合栏架纵向摆放,以跳高跨跳蛇型完成动作 | 2组,间歇1分钟 | 10分钟 | 栏架 |

### (五)幼儿体适能课程第9~10课时

**基本动作:** 推、跑

**体适能发展目标:** 提高上肢力量、核心力量、灵敏素质

**运动文化塑造:** 培养遇到困难不放弃的品格

| 课程环节 | 训练内容 | 动作要领 | 次,组间歇 | 时长 | 器材 |
| --- | --- | --- | --- | --- | --- |
| 热身运动 | 身体各个关节拉伸 | 关节幅度由小到大 | 2组,间歇1分钟 | 5分钟 | 绳梯 |
| 柔韧性练习 | 坐姿扳腿 | 保持腹部收紧 | 2组,间歇1分钟 | 10分钟 | — |

续表

| 课程环节 | 训练内容 | 动作要领 | 次,组间歇 | 时长 | 器材 |
|---|---|---|---|---|---|
| 协调性练习 | 串糖葫芦 | 小组以比赛形式训练 手拿标志盘在起点处出发,到终点处将标志盘放到标志杆上(反、正、反、正摆放标志盘,形成糖葫芦形状) | 2组,间歇1分钟 | 15分钟 | 标志盘、标志杆 |
| | 跪姿俯卧撑 | 双膝跪地,双手与肩同宽,保持腹部收紧,弯曲手肘的时候臀部保持高度 | 5~10个/组,2组,间歇1分钟 | 10分钟 | — |
| | 仰卧手足传球 | 两两一组,A在起身瞬间将球抛给B,B再将球传回给A,过程中保持球不落地 | 2组,间歇1分钟 | 15分钟 | 小球 |

(六)幼儿体适能课程第11~12课时

**基本动作**:跳、拉、跨越、扭转

**体适能发展目标**:速度,提升培养平衡、灵敏性

**运动文化塑造**:培养团队合作精神,学会处理失败的情绪

| 课程环节 | 训练内容 | 动作要领 | 次,组间歇 | 时长 | 器材 |
|---|---|---|---|---|---|
| 热身运动 | 蛇形跑 | 小栏架灵敏性跑步练习,注意不可以碰到栏架 | 2组,间歇1分钟 | 5分钟 | 绳梯 |
| 柔韧性练习 | 躲闪激光 | 海绵棒扫过时,做坐位体前屈,在不同方向的阻力下保持身体平稳,不可以碰到海绵棒 | 2组,间歇1分钟 | 10分钟 | 海绵棒 |
| 协调性练习 | 纵队送宝石 | A跨越4个体操垫,跳过6个栏架,把网球滚回给B,B接到球后跨越4个体操垫,跳过6个栏架,把网球地滚球回传给C地滚球,不可以做成抛球 | 2组,间歇1分钟 | 15分钟 | 体操垫、网球、栏架 |
| | 大力士跑 | 抱实心球进行20~50米往返冲刺跑,注意球不可以落地 | 3组,间歇1分钟 | 10分钟 | 实心球 |

(七)幼儿体适能课程第13~14课时

**基本动作**:扭转、腾空

**体适能发展目标**:提高柔韧、平衡能力

**运动文化塑造**:培养团队意识和坚持的品质,理解胜不骄、败不馁的含义

| 课程环节 | 训练内容 | 动作要领 | 次,组间歇 | 时长 | 器材 |
| --- | --- | --- | --- | --- | --- |
| 热身运动 | 集体拉手跑 | 激活肌肉 | 3组,间歇1分钟 | 5分钟 | — |
| | 教师引导:"大家听到'鱼来啦',就手拉手向前跑。听到'收网',队尾和队头要手拉手。" | | | | |
| 柔韧性练习 | 制作拉面 | 两两一组面对面坐下,双腿呈横叉状,手拉手后,A向后躺同时拉对方的手,B前倾;换方向再来一次,注意保持身体平衡 | 2组,间歇1分钟 | 10分钟 | — |
| 协调性练习 | 陆地跳伞 | 幼儿背着阻力伞,进行30米冲刺跑;注意腿部发力充分、稳定 | 2组,间歇1分钟 | 10分钟 | 阻力伞 |
| | 组合练习 | 跨栏跑+跳栏架+倒跑+持球跑 注意动作连贯、一气呵成 | 4组,间歇1分钟 | 15分钟 | 栏架、实心球 |
| 操作性练习 | 闪转腾挪大比拼 | 幼儿每人左手持网球右手拿小锥桶,左手抛起网球,用右手的小锥桶接住,同时间比谁接住的多;注意大臂与小臂呈90°夹角 | 2组,间歇20秒 | 5分钟 | 锥桶、网球 |

(八)幼儿体适能课程第15~16课时

**基本动作**:撑、推、跳

**体适能发展目标**:培养上肢力量、下肢力量、跳跃能力

**运动文化塑造**:培养团队意识和坚持的精神

| 课程环节 | 训练内容 | 动作要领 | 次,组间歇 | 时长 | 器材 |
| --- | --- | --- | --- | --- | --- |
| 热身运动 | 疯狂赛车手 | 每人一个体操垫,俯身推动体操垫向前移动,往返一次为一组,看谁移动体操垫最快 | 3组,间歇1分钟 | 10分钟 | 体操垫 |
| | 关节操 | 颈部、肩部、胸部、正侧压腿 | | | |

续表

| 课程环节 | 训练内容 | 动作要领 | 次,组间歇 | 时长 | 器材 |
|---|---|---|---|---|---|
| 柔韧性练习 | 制作拉面 | 两名幼儿面对面坐下,双腿呈横叉状,手拉手后,A向后躺同时拉对方的手,B前倾<br>换方向再来一次,注意保持身体平衡 | 2组,间歇1分钟 | 10分钟 | — |
| 协调性练习 | 足球射门 | 10米处摆放小足球,每人依次将球射门<br>注意保持身体躯干稳定 | 2组,间歇1分钟 | 15分钟 | 球门、小足球 |
| 协调性练习 | 组合练习 | 栏架蛇形跑+递增跳箱+平衡木+匍匐前进爬回<br>保持每个动作的动作到位,保持动作连接流畅度,依次进行,避免碰撞 | 4组,间歇1分钟 | 15分钟 | 体操垫、标志桶、平衡木、栏架 |

## 二、第二阶段——基础班

### (一)幼儿体适能课程第17~18课时

**基本动作:** 蹲、跑、跳、扭转
**体适能发展目标:** 培养下肢力量、下肢灵活性、平衡性
**运动文化塑造:** 培养坚韧的品质和合作精神

| 课程环节 | 训练内容 | 动作要领 | 次,组间歇 | 时长 | 器材 |
|---|---|---|---|---|---|
| 热身运动 | 穿越火线 | 跳跃6个小栏架+6个体操垫+匍匐前进返回 | 3组,间歇1分钟 | 10分钟 | 体操垫、栏架 |
| 热身运动 | 关节操 | 颈部、肩部、胸部、正侧压腿 | | | |
| 柔韧性练习 | 腿呈横叉 | 可以肘关节触地 | 30秒/组,3组,间歇1分钟 | 5分钟 | — |
| 协调性练习 | 拉面师 | 双手于胸前打开拉力带呈T字形20次<br>对折拉力带,双手持拉力带前后大绕环20次<br>注意拉力带要充分紧绷 | 3组,间歇1分钟 | 15分钟 | 拉力带 |

续表

| 课程环节 | 训练内容 | 动作要领 | 次,组间歇 | 时长 | 器材 |
|---|---|---|---|---|---|
| 协调性练习 | 组合练习 | 连续前滚翻3次+仰卧起坐15次<br>动作要连贯准确,减少与障碍物的接触 | 3组,间歇1分钟 | 15分钟 | 体操垫 |

(二)幼儿体适能课程第19~20课时

**基本动作:** 投、掷、跨越、跑、跳、冲刺

**体适能发展目标:** 提升上肢力量、下肢力量、移动、跳跃能力

**运动文化塑造:** 培养坚持的品质

| 课程环节 | 训练内容 | 动作要领 | 次,组间歇 | 时长 | 器材 |
|---|---|---|---|---|---|
| 热身运动 | 炸薯条 | 侧滚翻 | 1组 | 10分钟 | — |
| | 小鸭子过河 | 一路纵队下蹲鸭子走,慢速倒退摆臂鸭子步返(注意重心变化) | | | |
| | 关节操 | 颈部、肩部、胸部、正侧压腿 | | | |
| 柔韧性练习 | 腿呈横叉 | 每次30秒,手肘可以撑地 | 3组,间歇1分钟 | 5分钟 | — |
| 协调性练习 | 组合练习 | 跨越3个折叠体操垫+跨越6个高栏架+抱实心球冲刺跑回<br>超过3人,跨越时候不可以碰触栏架 | 3组,间歇1分钟 | 15分钟 | 体操垫、高栏架、实心球(2千克) |
| | 组合练习 | 前滚翻20次+T字拉力带+倒退跑+抱实心球冲刺跑+走平衡木保持自己身体平衡 | 4组,间歇1分钟 | 14分钟 | 平衡木、拉力带、实心球、平衡木 |

(三)幼儿体适能课程第21~22课时

**基本动作:** 抛接、掷、推、跑

**体适能发展目标:** 提高上肢力量、核心力量、灵敏能力

**运动文化塑造:** 在不断开拓新的动作技能中学会持之以恒

| 课程环节 | 训练内容 | 动作要领 | 次,组间歇 | 时长 | 器材 |
|---|---|---|---|---|---|
| 热身运动 | 绳梯脚步灵活性训练 | 开合跳+单脚跳<br>膝盖脚踝注意缓冲 | 1组 | 10分钟 | 绳梯(敏捷梯) |
| | 关节操 | 颈部、肩部、胸部、正侧压腿 | | | |

续表

| 课程环节 | 训练内容 | 动作要领 | 次,组间歇 | 时长 | 器材 |
|---|---|---|---|---|---|
| 柔韧性练习 | 横叉 | 每次30秒,保持腹部收紧 | 3组,间歇1分钟 | 5分钟 | — |
| 协调性练习 | 分组传递实心球<br>实心球抛接<br>实心球掷远 | 传递行进间滚球(学会控制球)<br>实心球也可以用书本代替 | 3组,间歇1分钟 | 15分钟 | 实心球 |
| | 组合练习 | 锥桶蛇形环绕跑+爬上跳箱+跳下跳箱+前滚翻+侧滚翻+走平衡木<br>动作的衔接性要紧密 | 4组,间歇1分钟 | 15分钟 | 锥桶、跳箱、体操垫、平衡木 |

(四)幼儿体适能课程第23~24课时

**基本动作**:抛、接、拉、摆腿、跑
**体适能发展目标**:提升灵敏度、速度、耐力
**运动文化塑造**:培养团队意识、坚持的品质,理解胜不骄、败不馁的含义

| 课程环节 | 训练内容 | 动作要领 | 次,组间歇 | 时长 | 器材 |
|---|---|---|---|---|---|
| 热身运动 | 组合练习 | 高抬腿30次(手触碰膝盖)+向前开合跳+后踢腿跑<br>学会大腿摆腿 | 3组,间歇1分钟 | 10分钟 | 绳梯 |
| | 关节操 | 颈部、肩部、胸部、正侧压腿 | | | |
| 柔韧性练习 | 组合练习 | 胸前拉弹力带20次+拉力带前后绕环20次<br>肩关节柔韧性练习 | 3组,间歇1分钟 | 5分钟 | 拉力带 |
| 协调性练习 | 组合练习 | 跨越6个栏架+跳过4个体操垫+抛球给教练<br>手脚协调性练习 | 4组,间歇1分钟 | 15分钟 | 栏架、体操垫、实心球 |
| | 蚂蚁搬家 | 倒退爬 | | | |
| | 后滚翻3个 | 后滚翻时候注意肩胛骨的放松 | 5组,间歇1分钟 | 15分钟 | 三角垫、足球、球门 |
| | 助跑加速踢球入门 | 踢球时候注意脚背脚尖的紧张 | | | |

### (五)幼儿体适能课程第25~26课时

**基本动作:** 拉、跑、跳、爬

**体适能发展目标:** 培养上肢力量、下肢力量、跳跃能力

**运动文化塑造:** 提高处理突发情况能力

| 课程环节 | 训练内容 | 动作要领 | 次、组间歇 | 时长 | 器材 |
| --- | --- | --- | --- | --- | --- |
| 热身运动 | 我是飞行员 | 一路纵队绕圈过锥桶慢跑,弯道减速时身体向内道倾斜 | 2组,间歇1分钟 | 10分钟 | 锥桶 |
| | 教师引导:"大家跟着老师往前跑,听到'机翼打开',就双手侧平举,直道加速,弯道减速。" | | | | |
| 柔韧性练习 | 组合练习 | 拉力带胸前拉伸20次,拉力带前后绕环20次;肩关节柔韧性练习中注意发力充分 | 2组,间歇1分钟 | 5分钟 | 拉力带 |
| 协调性练习 | 小袋鼠比赛 | 侧向从栏架跳过去;注意核心控制,起跳要充分 | 5组,间歇1分钟 | 15分钟 | 栏架 |
| | 不倒翁大赛 | 两两相对而站,单手牵手,双脚不能移动,单手用力后拉看谁脚先动 | | | |
| | 组合练习 | 锥桶秒形跑+敏捷梯单脚跳+跳高栏架+匍匐前进;注意跑姿、跳姿 | 4组,间歇1分钟 | 15分钟 | 绳梯、高栏架、锥桶 |

### (六)幼儿体适能课程第27~28课时

**基本动作:** 推、拉、跑、跳、冲刺

**体适能发展目标:** 培养上肢力量、下肢力量、移动能力、转体能力

**运动文化塑造:** 学会尊重裁判、尊重比赛结果

| 课程环节 | 训练内容 | 动作要领 | 次、组间歇 | 时长 | 器材 |
| --- | --- | --- | --- | --- | --- |
| 热身运动 | 击鼓传花 | 一路纵队,依次手递手从头顶将球传给后面,直至最后一个人;腰部要后仰,手臂要发力 | 2组,间歇1分钟 | 10分钟 | 实心球 |
| | 关节操 | 颈部、肩部、胸部、正侧压腿 | | | |
| 柔韧性练习 | 腿呈横叉 | 每次30秒,保持腹部收紧 | 2组,间歇1分钟 | 5分钟 | 实心球 |

续表

| 课程环节 | 训练内容 | 动作要领 | 次,组间歇 | 时长 | 器材 |
|---|---|---|---|---|---|
| 协调性练习 | 警察抓小偷 | 两两一组,将弹力带系在一名幼儿腰间,另一名幼儿在原地牵拉,系腰带的幼儿用力向前奔跑牵拉的幼儿脚下站稳,核心要稳定 | 5组,间歇1分钟 | 15分钟 | 弹力带、锥桶 |
| | 建筑师 | 分为2组进行比赛,根据个人能力拿体操垫,想拿多少拿多少,在终点盖楼,最后看哪支队伍的楼盖得高 | 2组,间歇1分钟 | 15分钟 | 体操垫、网球、锥桶 |
| | 大力士 | 比赛推跳箱,看谁推得最快 | | | |
| | 接球比赛 | 两两一组,相对1米站立,一人拿着锥桶,另一人拿着网球,往锥桶里抛,看哪一组接的最多 | | | |

(七)幼儿体适能课程第29~30课时

**基本动作:**平衡、翻滚、踢

**体适能发展目标:**培养核心力量、上肢力量、下肢力量、弹跳能力

**运动文化塑造:**培养团队意识和坚持的品质

| 课程环节 | 训练内容 | 动作要领 | 次,组间歇 | 时长 | 器材 |
|---|---|---|---|---|---|
| 热身运动 | 跳跳大作战 | 前后换腿跳+开合跳+前后跳每个20次 | 4组,间歇1分钟 | 10分钟 | — |
| | 关节操 | 颈部、肩部、胸部、正侧压腿 | | | |
| 柔韧性练习 | 单腿坐位体前屈 | 一腿弯曲,一腿伸直做坐位体前屈 | 2组,间歇1分钟 | 5分钟 | — |
| 协调性练习 | 不倒翁 | 脚放瑞士球上进行高位平板支撑动作<br>双手发力,双脚着地,保持身体稳定 | 4组,间歇1分钟 | 15分钟 | 瑞士球 |
| | 组合练习 | 前滚翻+后滚翻+跨栏步动作连贯不停顿 | | | 栏架、体操垫、球门、足球 |
| | 踢球射门 | 依次进行,避免碰撞 | | | |

## (八)幼儿体适能课程第31~32课时

**基本动作**:推、跑

**体适能发展目标**:培养柔韧、跳跃、传接、转体能力

**运动文化塑造**:学会在游戏中鼓励同伴

| 课程环节 | 训练内容 | 动作要领 | 次,组间歇 | 强度 | 器材 |
|---|---|---|---|---|---|
| 热身运动 | 绳梯训练 | 开合跳、单脚跳、快步敏捷跑 目视前方,保持搏击姿态 | 1组 | 10分钟 | 绳梯、实心球 |
| | 小小邮递员 | 分成2组,进行传递实心球接力赛 | | | |
| | 关节操 | 颈部、肩部、胸部、正侧压腿 | | | |
| 柔韧性练习 | 单腿坐位体前屈 | 拉伸大腿后侧肌肉 | 3组,间歇1分钟 | 10分钟 | — |
| 协调性练习 | 士兵突击 | 比赛匍匐前进,腹部贴地 | 3组,间歇1分钟 | 15分钟 | 跳绳、秒表 |
| | 徒手跳绳分解练习 | 手放肩上向前甩绳,每组100次 | | | |

## (九)幼儿体适能课程第33~34课时

**基本动作**:爬、翻滚、跳跃、转体、举

**体适能发展目标**:培养下肢灵活性、投掷能力

**运动文化塑造**:培养团队合作与突破困难的精神

| 课程环节 | 训练内容 | 动作要领 | 次,组间歇 | 时长 | 器材 |
|---|---|---|---|---|---|
| 热身运动 | 组合练习 | 小栏架跳跃+弓箭步换腿跳+高抬腿跑 激活中枢神经系统,提高机体温度,减少肌肉黏滞性 | 2组,间歇1分钟 | 10分钟 | 栏架 |
| 柔韧性练习 | 组合练习 | 坐位体前屈+腿成横叉 注意保持动作完整 | 2组,间歇1分钟 | 10分钟 | — |
| 协调性练习 | 实心球蹲起 | 深蹲双手持球,跳起时快速将实心球举过头顶,深蹲时球放回两脚之间5次为1组 注意持球稳定性 | 2组,间歇1分钟 | 15分钟 | 实心球 |
| | 徒手跳绳 | 1分钟徒手跳绳,并自己计数 尽可能减小动作幅度,加快跳跃和徒手摇绳频率 | 3组,间歇1分钟 | 10分钟 | 跳绳 |

## 三、第三阶段——提高班

### (一)幼儿体适能课程第35~36课时

**基本动作**:拍击、蹬踢、投掷、伸展

**体适能发展目标**:培养灵敏、力量、手眼协调能力

**运动文化塑造**:运动中学会竞争

| 课程环节 | 训练内容 | 动作要领 | 次,组间歇 | 时长 | 器材 |
|---|---|---|---|---|---|
| 热身运动 | 组合练习 | 敏捷梯(单腿跳、开合跳)+下蹲上举实心球8次+俯身登山跑 锻炼下肢灵活性 | 2组,间歇1分钟 | 10分钟 | 绳梯、实心球 |
| 柔韧性练习 | 竖叉 | 双手放在腿两边 | 2组,间歇1分钟 | 10分钟 | — |
| 协调性练习 | 接宝石 | 幼儿围成一圈,教师站在中间随机把球传给其中一人,幼儿接球后回传给教师 注意力集中,球不可以出圈 | 2组,间歇1分钟 | 15分钟 | 足球 |
| | 跪姿前倒练习 | 每人一块体操垫,小手臂紧贴身体,向下时积极撑地 刚开始时教师可以先抓着幼儿后背的衣服 | 3组,间歇1分钟 | 10分钟 | 体操垫 |

### (二)幼儿体适能课程第37~38课时

**基本动作**:抛接、上举、跳、平衡

**体适能发展目标**:培养核心区力量、灵敏性能力

**运动文化塑造**:培养坚韧的品质

| 课程环节 | 训练内容 | 动作要领 | 次,组间歇 | 时长 | 器材 |
|---|---|---|---|---|---|
| 热身运动 | 组合练习 | 10米往返跑3次+实心球抛接10次+弓箭步摆臂大跳换腿跳5个 接球时候球不可以落地 | 2组,间歇1分钟 | 10分钟 | 实心球 |
| 柔韧性练习 | 竖叉 | 膝盖伸直 | 2组,间歇1分钟 | 10分钟 | — |

续表

| 课程环节 | 训练内容 | 动作要领 | 次,组间歇 | 时长 | 器材 |
|---|---|---|---|---|---|
| 协调性练习 | 学习立卧撑 | 教师示范立卧撑正确姿势<br>幼儿初步尝试时可以不起跳 | 4组,间歇1分钟 | 15分钟 | — |
| | 徒手跳绳50次 | 尽可能减小动作幅度,加快跳跃和徒手摇绳频率 | | | |
| | 组合练习 | 跳4节跳箱+跳下跳箱前滚翻+侧滑步折返跑4次<br>减少多余动作 | 3组,间歇1分钟 | 10分钟 | 跳箱 |

(三)幼儿体适能课程第39~40课时

**基本动作:** 提拉、推撑、跳、静态平衡

**体适能发展目标:** 培养下肢力量、核心区力量、下肢灵敏性能力

**运动文化塑造:** 培养合作精神

| 课程环节 | 训练内容 | 动作要领 | 次,组间歇 | 时长 | 器材 |
|---|---|---|---|---|---|
| 热身运动 | 小栏架灵敏性练习 | 摆臂跨越栏架+摆臂跳跃栏架<br>注意摆臂 | 2组,间歇1分钟 | 10分钟 | 栏架、跳绳 |
| | 徒手跳绳50次 | 尽可能减小动作幅度,加快跳跃和徒手摇绳频率 | | | |
| 柔韧性练习 | 坐位体前屈 | 手摸脚尖 | 2组,间歇1分钟 | 10分钟 | — |
| | 横叉 | 每次30秒,保持腹部收紧 | | | |
| | 竖叉 | 每次30秒,保持腹部收紧 | | | |
| 协调性练习 | 三明治跳 | 将幼儿分为2~3组,每组幼儿竖向排队站于起点,幼儿将1千克的实心球夹于两膝之间,进行双腿跳跃10~15米接力比赛<br>注意大腿肌肉绷紧 | 4组,间歇1分钟 | 15分钟 | 实心球 |
| | 组合练习 | 俯身弯腰跑+弓箭步行走+跳4节跳箱+跳下跳箱前滚翻<br>注意每个动作膝盖的缓冲 | 3组,间歇1分钟 | 10分钟 | 跳箱 |

(四)幼儿体适能课程第41~42课时

**基本动作:** 跨越、跑、跳

**体适能发展目标:** 培养上肢力量、下肢力量,跳跃能力

**运动文化塑造**：培养遇到困难不放弃的精神

| 课程环节 | 训练内容 | 动作要领 | 次,组间歇 | 时长 | 器材 |
|---|---|---|---|---|---|
| 热身运动 | 鸭子游泳 | 下蹲走 | 2组,<br>间歇1分钟 | 10分钟 | — |
| | 俯身登山 | 注意颈部、脊椎、尾椎骨和腿成一条直线,肘部伸直,锁定双臂,双手在双肩的正下方 | | | |
| | 波比跳 | 抱紧核心,保持腹部紧绷有力 | | | |
| 柔韧性练习 | 竖叉 | 保持身体平衡 | 2组,<br>间歇1分钟 | 10分钟 | — |
| 协调性练习 | 跨越横杆 | 依次用跨越式动作通过一排障碍横杆<br>注意起跳充分,稳定 | 4组,<br>间歇1分钟 | 15分钟 | 障碍横杆 |
| | 侧向换腿跳敏捷梯 | 保持每个动作的动作安全性 | 3组,<br>间歇1分钟 | 10分钟 | 绳梯、负重物、推车 |
| | 大力士负重跑 | 分成两组进行推车10米比拼,垂直推行 | | | |

(五)幼儿体适能课程第43~44课时

**基本动作**：动推、拉、跑、跳、平衡

**体适能发展目标**：提升下肢力量和协调性

**运动文化塑造**：培养遇到困难不放弃的精神

| 课程环节 | 训练内容 | 动作要领 | 次,组间歇 | 时长 | 器材 |
|---|---|---|---|---|---|
| 热身运动 | 敏捷梯练习 | 四种敏捷梯方法练习<br>前脚掌着地 | 2组,<br>间歇1分钟 | 10分钟 | 敏捷梯 |
| 柔韧性练习 | 竖叉 | 膝盖绷直 | 2组,<br>间歇1分钟 | 10分钟 | — |
| 协调性练习 | 下蹲上举实心球8次 | 下蹲时膝关节的方向同脚尖的方向 | 4组,<br>间歇1分钟 | 15分钟 | 实心球 |
| | 燕式平衡20秒 | 核心收紧,保持身体平衡 | | | |
| | 跳绳 | 双手摇绳甩绳、向前摇绳 | 3组,<br>间歇1分钟 | 10分钟 | 跳绳、球门 |
| | 射门 | 尽可能减少与障碍物的接触 | | | |

(六)幼儿体适能课程第45~46课时

**基本动作**：扭转、踢、滚翻

**体适能发展目标：** 培养下肢力量、核心区力量、爆发力、协调性能力

**运动文化塑造：** 培养遇到困难不放弃的精神

| 课程环节 | 训练内容 | 动作要领 | 次,组间歇 | 时长 | 器材 |
| --- | --- | --- | --- | --- | --- |
| 热身运动 | 油条变包子 | 抱膝跳 | 3组,间歇30秒 | 10分钟 | — |
|  | 长高跳 | 原地半蹲摸高跳 |  |  |  |
|  | 剪刀跳 | 交换腿摆臂向上跳 |  |  |  |
| 柔韧性练习 | 横叉+竖叉 | 每组1分钟,充分做好拉伸 | 2组,间歇1分钟 | 10分钟 | — |
|  | 仰卧提腿+站立踢腿 | 每条腿20次 |  |  |  |
| 协调性练习 | 跳绳50次 | 摇绳的主要部位是手腕,跳起的高度不要太高 | 5组,间歇1分钟 | 15分钟 | 跳绳 |
|  | 踢球射门5次 | 射门时足球和目标要呈一条直线 | 3组,间歇1分钟 | 10分钟 | 足球、球门、体操垫 |
| 协调性练习 | 前滚翻+后滚翻5次 | 注意屈臂、低头 | 3组,间歇1分钟 | 10分钟 | 足球、球门、体操垫 |
|  | 跪姿前倒5次 | 尽量减少多余动作,核心收紧 |  |  |  |

### (七)幼儿体适能课程第47~48课时

**基本动作：** 伸展、转体

**体适能发展目标：** 培养上肢力量、下肢力量、跳跃能力、综合灵敏能力

**运动文化塑造：** 培养遇到困难不抛弃不放弃的精神

| 课程环节 | 训练内容 | 动作要领 | 次,组间歇 | 时长 | 器材 |
| --- | --- | --- | --- | --- | --- |
| 热身运动 | 组合运动 | 士兵爬+半蹲跑重复组合；跨越4个体操垫+跳6个栏架 | 3组,间歇1分钟 | 10分钟 | 体操垫、栏架 |
| 柔韧性练习 | 向上踢腿 | 脚尖过头,单腿20次 | 3组,间歇1分钟 | 10分钟 | — |
|  | 横叉+竖叉 | 躯干稳定性 |  |  |  |
| 协调性练习 | 夹心饼干跑 | 两名幼儿背对背拉手并夹住小实心球,从起点运送至终点可将幼儿分为两大组进行比赛 | 3组,间歇1分钟 | 15分钟 | 实心球 |
|  | 深蹲跳10次 | 深蹲时慢慢屈膝控制下蹲,下蹲时膝关节的方向同脚尖的方向,蹲至大腿平行于地面或稍低于膝盖 |  |  |  |

续表

| 课程环节 | 训练内容 | 动作要领 | 次,组间歇 | 时长 | 器材 |
|---|---|---|---|---|---|
| | 组合运动 | 跨越式跳高跳过横杆;<br>前滚翻+后滚翻+侧滚翻;<br>侧滑步3个来回;<br>跳绳20次<br>保持每个动作的动作到位,保持流畅度 | 3组,<br>间歇1分钟 | 10分钟 | 障碍横杆、体操垫、跳绳 |

(八)幼儿体适能课程第49~50次课

**基本动作**:转体、转动、爬行、抛投、伸展

**体适能发展目标**:提高抗伸展核心训练、前侧核心爆发力能力

**运动文化塑造**:学习克制与坚持

| 课程环节 | 训练内容 | 动作要领 | 次,组间歇 | 时长 | 器材 |
|---|---|---|---|---|---|
| 热身运动 | 组合练习 | 高抬腿跑步+后踢跑+后退跑+推跳箱<br>核心收紧,保持动作连贯性 | 2组,<br>间歇1分钟 | 5分钟 | 跳箱 |
| 柔韧性练习 | 横叉+竖叉 | 各1分钟 | 2组,<br>间歇1分钟 | 5分钟 | — |
| | 正踢腿+侧踢腿 | 每条腿各30次 | | | |
| 协调性练习 | 踢球射门练习 | 各个动作连贯完成 | 5次/组,3组,<br>间歇1分钟 | 20分钟 | 足球、球门、体操垫 |
| | 前滚翻+后滚翻 | | | | |
| | 跪姿前倒练习 | | | | |
| | 燕式平衡20秒 | 不憋气,保持均匀呼吸 | 3组,<br>间歇1分钟 | 15分钟 | 跳绳 |
| | 跳绳50次 | | | | |

(九)幼儿体适能课程第51~52课时

**基本动作**:翻滚、投掷、倒地保护

**体适能发展目标**:提高核心力量、上肢力量、腿部力量

**运动文化塑造**:培养持之以恒,不达目标不罢休的精神

| 课程环节 | 训练内容 | 动作要领 | 次,组间歇 | 时长 | 器材 |
|---|---|---|---|---|---|
| 热身运动 | 组合练习 | 绳梯训练(单脚)+跳(敏捷圈)+平衡木+接球练习+冲刺跑;<br>上下肢协调发力 | 2组,<br>间歇1分钟 | 15分钟 | 敏捷梯、敏捷圈、平衡木、实心球 |

续表

| 课程环节 | 训练内容 | 动作要领 | 次,组间歇 | 时长 | 器材 |
|---|---|---|---|---|---|
| 柔韧性练习 | 横叉+竖叉 | 各1分钟 | 2组,间歇1分钟 | 10分钟 | — |
| | 正踢腿+侧踢腿 | 每条腿各30次 | | | |
| 协调性练习 | 侧向换腿跳敏捷梯 | 目视前方,抬起手护于颚下 | 3组,间歇1分钟 | 20分钟 | 敏捷梯、实心球 |
| | 负重跑 | | | | |
| | 侧滑步跑 | | | | |
| | 下蹲上举实心球8次 | 注意核心收紧、动作要到位,避免伤害腰与膝盖 | 3组,间歇1分钟 | 15分钟 | 实心球、跳绳 |
| | 燕式平衡30秒 | | | | |
| | 跳绳80次 | | | | |

(十)幼儿体适能(提高班)课程第53~54课时

**基本动作:** 屈、伸、扭转、平衡

**体适能发展目标:** 培养上肢柔韧、下肢柔韧、扭转能力、协调能力

**运动文化塑造:** 培养竞争、团结、抗压的体育精神

| 课程环节 | 训练内容 | 动作要领 | 次,组间歇 | 时长 | 器材 |
|---|---|---|---|---|---|
| 热身运动 | 绳梯 | 碎步向前+横向滑步<br>上下肢协调发力 | 4组,间歇10秒 | 5分钟 | 绳梯 |
| 柔韧性练习 | 横叉+竖叉 | 各1分钟 | 2组,间歇1分钟 | 10分钟 | — |
| | 正踢腿+侧踢腿 | 每条腿各30次 | | | |
| 协调性练习 | 能量球传递:侧向接球接力 | 依次站成一排,根据身高情况设定间距,依次向左向右侧身传递实心球 | 2组,间歇1分钟 | 20分钟 | 实心球、跳箱 |
| | 俯身弯腰跑 | 屈髋屈膝,注意间距 | | | |
| | 组合练习 | 弓箭步行走跳4节跳箱+跳下跳箱前滚翻;<br>注意跳跃的连贯性与落地的缓冲 | | | |

续表

| 课程环节 | 训练内容 | 动作要领 | 次,组间歇 | 时长 | 器材 |
|---|---|---|---|---|---|
| 协调性练习 | 组合练习 | 单个锥桶的蛇形绕过障碍(10个)+俯身匍匐前进穿越横杆(5个杆)+仰身穿越横杆(5个)+向左侧身蛇型绕过锥桶+向右侧身蛇型绕过锥桶(各5个)+冲刺跑<br>保持躯干稳定以及动作连贯性 | 2组,间歇1分钟 | 10分钟 | 锥桶、障碍横杆 |

# 第四章 幼儿平衡车课程

## 第一节 幼儿平衡车课程的概念

平衡车起源于德国,被称作"滑步车",又称"会奔跑的轮子"。儿童平衡车是专门针对2~6岁的幼儿设计的。平衡车与传统的自行车相比,它没有脚踏板和链条,需要依靠双腿提供动力,可以完成走、跑、空溜、飞起等动作,同时上肢手臂、腰腹、肩背都要提供动力支持,完成多种骑行动作。[1]由于没有脚踏板和链条,幼儿只能主要通过双腿和核心部位控制身体,同时要观察周边环境作出判断,这样可以刺激幼儿的前庭器官,提高感统能力、肌肉控制能力。平衡车可以通过改装,如改变车的色彩等不同形式激发幼儿的运动兴趣。平衡车项目最早可以从幼儿1岁半时开始练习,也是可以较早训练儿童操作能力的项目。相较于游泳、球类等,平衡车更侧重于双侧协调的动作模式,对物体控制和全身平衡性的发展更有益处。通过查阅中国知网等网站及文献发现,幼儿平衡车在我国作为一项幼儿体育运动课程的研究最早开始于2018年,截至2021年12月,关于幼儿平衡车研究的文章有23篇,国内关于平衡车的研究更多倾向于机械制造方面,在幼儿体育方面的交叉研究较少。2017年以后,全国大大小小的平衡车俱乐部如雨后春笋般涌现,2021年已将近400家。平衡车适合2~6岁的幼儿,是一个专属于2~6岁幼儿的体育运动项目。3~6岁是幼儿平衡能力、灵敏性、协调能力发展的关键时期。平衡车运动非常适合幼儿综合运动能力的发展,让幼儿手眼协调、自我规划的能力显著提高。同时,平衡车项目有大量的演出、赛事,可以为幼儿锻炼临场发挥能力、控场能力、竞争力提供机会。

## 第二节 幼儿平衡车课程内容

幼儿平衡车课程是幼儿体育活动课程的专项课程,课程内容分为热身、柔韧性、平衡车练习、平衡车游戏4个环节,可融入运动文化塑造的内容。幼儿平衡车课程内容分为三个阶段,共50课时,每课时45分钟左右。第1~16课时的启蒙班内容,主要是对幼儿进行平衡车运动启蒙,适合3~4岁;第17~34课时的基础班课程,主要是为幼儿打下平衡车运动基础,适合4~5岁幼儿;第35~50课时的平衡车提高班课程,主要是全面提高幼儿平衡车运动的综合能力,适合5岁以上幼儿。

---

[1] 赵彦彦. 平衡车练习对幼儿动作控制和协调能力的影响[D]. 北京:首都体育学院,2021:34.

## 一、第一阶段——启蒙班

### (一)幼儿平衡车课程第1~2课时

**基本动作:** 学会戴头盔及护具、掌握正确的上下车姿势、能够左右脚交替直线前行、熟练双脚落地停车站起(膝盖弯曲成90°为宜)

**体适能发展目标:** 提升心肺功能,培养平衡感及协调性

**运动文化塑造:** 听教练的指令

| 课程环节 | 课程内容 | 动作要领 | 次、组间歇 | 时长 | 器材 |
| --- | --- | --- | --- | --- | --- |
| 热身运动 | 穿戴护具 做关节操 | 手臂、肩关节、膝关节绕环 | 2组, 间歇1分钟 | 5分钟 | 标志杆 |
| | 教师引导:"今天我们一起来认识一下新朋友——'车宝宝'。它们有两只手,双脚是两个圆圆的轮子。车宝宝想要成为大家的新朋友。小朋友我们要帮助车宝宝站起来与它们成为好朋友!每个小朋友都给自己的'车宝宝'起个名字,然后带上你的护具和头盔,带着我们的朋友一起去玩吧。" | | | | |
| 柔韧性练习 | 大风吹游戏 | 坐位体前屈动作并摸脚 | 2次/组,2组, 间歇20秒 | 5分钟 | — |
| 平衡车练习 | 培养车感: 正确上下车 | 站在车子左侧抬右腿从后方跨步上车(禁止坐下) 左脚落地,右腿从右后方跨步下车 | 2次, 间歇20秒 | 20分钟 | 平衡车 |
| | 培养车感:前行 | 双手握车把推车一周,重心前移居中,保持车身直立左右脚交替向前走,双手握紧车把不偏移 | 2次, 间歇20秒 | | |
| 平衡车游戏 | 前推 | 双脚跨过车,手握把向前推 | 2次/组,2组, 间歇1分钟 | 10分钟 | 平衡车 |
| | 倒推 | 后轮在前,手握把向前推 | | | |
| | 独轮推 | 手握把,前轮抬起,后轮着地,向前推 | | | |
| | 教师引导:"怪兽来了快出发,小朋友们快速地上车辆并坐好。" | | | | |

### (二)幼儿平衡车课程第3~4课时

**基本动作:** 能够熟练左右脚交替直线前行、学习如何停车

**体适能发展目标:** 提升上肢力量、腰腹力量、弹跳力量

**运动文化塑造:** 遵守秩序

| 课程环节 | 课程内容 | 动作要领 | 次,组间歇 | 时长 | 器材 |
|---|---|---|---|---|---|
| 热身运动 | 跳房子:双脚跳跃绳梯训练 | 目视前方,保持摆臂动作 | 2组,间歇1分钟 | 5分钟 | 标志杆 |
| 柔韧性练习 | 大风吹游戏 | 坐位体前屈动作并摸脚 | 2次/组,2组,间歇20秒 | 5分钟 | — |
| 平衡车练习 | 学习直线交替骑行过绳梯障碍 | 前滑:双脚交替前滑<br>跑:身体前倾,双脚快速交替滑或双脚齐蹬地 | 2次,间歇20秒 | 20分钟 | 绳梯、平衡车 |
| 平衡车游戏 | 比一比:看谁的滑行距离最长 | 核心控制腰腹,上肢控制车头,抬起双脚直线滑行,看谁保持平衡滑得最远 | 2次/组,2组,间歇1分钟 | 10分钟 | 平衡车 |
| | 顺风耳:看谁的反应最快 | 听教师口令出发、停下 | | | |

(三)幼儿平衡车课程第5~6课时

**基本动作**:翻越障碍、保持平衡滑行、学习弯道技术

**体适能发展目标**:提升上肢力量、下肢力量、移动和跳跃能力

**运动文化塑造**:摔倒或者失败时学习自己处理、克服焦虑情绪

| 课程环节 | 课程内容 | 动作要领 | 次,组间歇 | 时长 | 器材 |
|---|---|---|---|---|---|
| 热身运动 | 抱球接力比赛跑 | 激活肌肉 | 2组,间歇1分钟 | 10分钟 | 实心球 |
| 柔韧性练习 | 坐姿扳腿 | 注意屈髋,保持身体平衡、腹部收紧 | 10秒/组,2组,间歇20秒 | 10分钟 | — |
| 平衡车练习 | 复习直线交替骑行过绳梯障碍 | 保持每个动作的动作到位,保持流畅度 | 4组,间歇20秒 | 20分钟 | 绳梯、平衡车 |
| | 学习弯道技术 | 左转弯:左腿前摆,右腿后摆<br>右转弯:右腿前摆,左腿后摆 | 2组,间歇20秒 | | |
| 平衡车游戏 | 我们都是不倒翁 | 抬起双脚直线滑行,看谁保持平衡滑得最远,腿部肌肉发力充分,抬脚锻炼重心位置 | 2组,间歇20秒 | 10分钟 | 平衡车 |

### (四)幼儿平衡车课程第7~8课时

**基本动作:** 弯道练习

**体适能发展目标:** 提升核心区力量、灵敏性,使身体更协调,降低摔倒的发生概率

**运动文化塑造:** 学会尊重对手,拥有竞争之心

| 课程环节 | 课程内容 | 动作要领 | 次,组间歇 | 时长 | 器材 |
|---|---|---|---|---|---|
| 热身运动 | 鸭子步走 | 跨越小栏架,灵敏性练习,激活骨骼肌、中枢系统 | 2组,间歇20秒 | 10分钟 | 栏架 |
| 柔韧性练习 | 坐姿扳腿 | 注意屈髋,保持身体平衡、腹部收紧 | 10秒/组,2组,间歇20秒 | 10分钟 | — |
| 平衡车练习 | 弯道辅助练习 | 用锥桶摆出弯道,注意滑行时躯干核心的力量控制,根据路况左脚、右脚作出反应 | 3组,间歇20秒 | 20分钟 | 锥桶、平衡车 |
| | 弯道滑行 | 过弯道时候可以抬起双脚,身体保持平衡 | | | |
| 平衡车游戏 | 比一比:谁是超人 | 骑行平衡车绕弯道一圈,看谁用时最短,注意双脚用力蹬地出发 | 2组,间歇20秒 | 10分钟 | 平衡车 |
| | 比一比:谁是飞人 | 两人或多人同时出发,看谁最快完成一圈,注意学会判断距离 | | | |

### (五)幼儿平衡车课程第9~10课时

**基本动作:** 直道接弯道练习

**体适能发展目标:** 提升上肢力量、核心力量及灵敏度

**运动文化塑造:** 在跌倒中不怕困难、遵守规则

| 课程环节 | 课程内容 | 动作要领 | 次,组间歇 | 时长 | 器材 |
|---|---|---|---|---|---|
| 热身运动 | 往返跑5次 | 上、下肢协调发力 | 2组,间歇20秒 | 15分钟 | — |
| | 身体各个关节拉伸 | | | | |
| 柔韧性练习 | 坐姿扳腿 | 注意屈髋,保持身体平衡、腹部收紧 | 10秒/组,2组,间歇20秒 | 10分钟 | — |

续表

| 课程环节 | 课程内容 | 动作要领 | 次,组间歇 | 时长 | 器材 |
|---|---|---|---|---|---|
| 平衡车练习 | 复习直道滑行和弯道滑行(慢速) | 左转弯时左脚向前抬起右脚向后抬起;右转弯时右脚向前抬起左脚向后抬起 | 3组,间歇20秒 | 20分钟 | 锥桶、平衡车 |
| | 学习压弯 | 行进间左脚蹬地向右移动,右脚蹬地向左移动 | | | |
| 平衡车游戏 | 比一比:直线压弯竞速赛 | 每人依次直道快速滑行到弯道压弯,看谁用时最短 | 2组,间歇20秒 | 10分钟 | 平衡车 |

### (六)幼儿平衡车课程第11~12课时

**基本动作:** 跳、拉、跨越、扭转

**体适能发展目标:** 提升速度、平衡感、灵敏度

**运动文化塑造:** 学习竞速赛团队合作精神

| 课程环节 | 课程内容 | 动作要领 | 次,组间歇 | 时长 | 器材 |
|---|---|---|---|---|---|
| 热身运动 | 蛇形弯跑 | 小栏架灵敏性跑步练习 跑步过程中不可以碰到栏架 | 2组,间歇20秒 | 10分钟 | 绳梯 |
| 柔韧性练习 | 躲闪激光:坐位体前屈 | 教师用海绵棒扫过时,在不同方向的阻力下做坐位体前屈动作,保持身体平衡、腹部收紧,不可以碰到海绵棒 | 2组,间歇20秒 | 10分钟 | 海绵棒 |
| 平衡车练习 | 骑行接龙 | 白线为起点,幼儿排成一列,第一个幼儿出发,以最快的速度骑行一圈,到队尾排队停下。随后第二个出发,以此类推 | 2组,间歇20秒 | 15分钟 | 锥桶、平衡车 |
| 平衡车游戏 | 比一比:你追我赶 | 两两一组,第一个幼儿出发3秒后,第二个幼儿出发并尝试追上前面的;教师注意控制好两个幼儿出发的距离;幼儿注意控制好自己的核心力量,超越时腿部发力 | 2组,间歇20秒 | 10分钟 | 平衡车 |

### (七)幼儿平衡车课程第13~14课时

**基本动作:**认识交通信号灯、过窄道

**体适能发展目标:**柔韧、平衡

**运动文化塑造:**学习对于突发情况的处理(信号灯反应)

| 课程环节 | 课程内容 | 动作要领 | 次,组间歇 | 时长 | 器材 |
| --- | --- | --- | --- | --- | --- |
| 热身运动 | 集体拉手跑步 | 激活肌肉 | 3组,间歇20秒 | 15分钟 | — |
| | | 教师引导:"大家听到'渔网来啦',就手拉手向前跑。听到'收网',队尾和队头要手拉手。" | | | |
| 柔韧性练习 | 制作拉面 | 两两一组,面对面坐下,双腿呈横叉状,幼儿A向后躺的同时幼儿B向前倾<br>换方向再来一次,注意保持身体平衡 | 2组,间歇20秒 | 5分钟 | — |
| 平衡车练习 | 压低身体通过窄道(直道+弯道) | 注意提前判断车头距离,不碰到锥桶和线,全身肌肉绷紧,身体保持平衡 | 2组,间歇20秒 | 20分钟 | 锥桶、线、平衡车 |
| 平衡车游戏 | 认识交通信号灯 | 眼睛专注信号灯,不断作出判断,脚步灵活,知道根据信号灯做出停车、启动的动作 | 2组,间歇20秒 | 15分钟 | 信号灯、平衡车 |

### (八)幼儿平衡车课程第15~16课时

**基本动作:**公开赛

**体适能发展目标:**身体素质:上肢力量,下肢力量,跳跃能力

**运动文化塑造:**竞速赛中竞争意识,坚持的品质

| 课程环节 | 课程内容 | 动作要领 | 次,组间歇 | 时长 | 器材 |
| --- | --- | --- | --- | --- | --- |
| 热身运动 | 疯狂赛车手 | 每人一个垫子,俯身推动垫子向前移动,看谁的移动垫子最快 | 3组,间歇20秒 | 10分钟 | 垫子 |
| | 关节操 | 颈部、肩部、胸部、正侧压腿 | 1组 | | |
| 柔韧性练习 | 制作拉面 | 两两一组,面对面坐下,双腿呈现横叉状,幼儿A向后躺的同时幼儿B向前倾<br>换方向再来一次,注意保持身体平衡 | 2组,间歇20秒 | 5分钟 | — |

续表

| 课程环节 | 课程内容 | 动作要领 | 次,组间歇 | 时长 | 器材 |
|---|---|---|---|---|---|
| 平衡车练习 | 1分钟刷圈 | 保持身体稳定 | 2组,间歇20秒 | 20分钟 | 锥桶、线、平衡车 |
| | 狭窄道零失误（不碰任何锥桶） | | | | |
| | 最远滑行赛 | | | | |
| 平衡车游戏 | 抢答赛:我了解交通信号灯 | 以抢答的形式复习关于交通信号灯的知识 | 4组,间歇20秒 | 20分钟 | 信号灯、平衡车 |
| | 反应赛:我会看交通信号灯 | 在平衡车骑行中根据交通信号灯快速地做出正确的反应,保持每个动作的动作到位、流畅 | | | |

(九)幼儿平衡车课程第17~18课时

**基本动作:** 复习课

**体适能发展目标:** 下肢力量、下肢灵活性、平衡性

**运动文化塑造:** 遵守规则

| 课程环节 | 课程内容 | 动作要领 | 次,组间歇 | 时长 | 器材 |
|---|---|---|---|---|---|
| 热身运动 | 穿越火线 | 跳跃6个栏架+匍匐6个垫子+匍匐前进返回 | 3组间歇20秒 | 10分钟 | 栏架、垫子 |
| | 关节操 | 颈部、肩部、胸部、正侧压腿提高专注力,充分活动关节 | | | |
| 柔韧性练习 | 横叉 | 可以肘关节触地 | 30秒/组,3组间歇20秒 | 10分钟 | — |
| 平衡车练习 | 复习弯道技术 | 弯道不可以拐得太猛 | 5组间歇20秒 | 20分钟 | 平衡车 |
| | 复习刹车 | 膝盖与脚踝保持紧张 | | | |
| | 教师引导:"握好把、向前看！所有小勇士们集合！握好车把,跑起来,双脚前伸,刹车。" | | | | |
| 平衡车游戏 | 我会看交通信号灯 | 红灯时,所有人马上刹车;黄灯时,大家减速;绿灯时,开始骑行注意手臂、膝盖与脚踝保持紧张 | 3组间歇20秒 | 20分钟 | 信号灯标识、平衡车、锥桶 |
| | 教师引导:教师在场地中央手持红色、绿色、黄色标识,充当"交通信号灯"。幼儿沿着跑道骑行;让幼儿轮流当"交通信号灯" | | | | |

## 二、第二阶段——基础班

### (一)幼儿平衡车课程第19~20课时

**基本动作**:脚腾空滑行

**体适能发展目标**:上肢力量,下肢力量,移动,跳跃能力

**运动文化塑造**:锻炼胆量自信

| 课程环节 | 课程内容 | 动作要领 | 次,组间歇 | 时长 | 器材 |
| --- | --- | --- | --- | --- | --- |
| 热身运动 | 侧滚翻 | 激活肌肉与关节 | 1组,<br>间歇30秒 | 10分钟 | — |
| | 小鸭子过河 | 一路纵队下蹲鸭子走,慢速倒退摆臂鸭子步返回<br>注意重心变化 | | | |
| | 关节操 | 颈部、肩部、胸部、正侧压腿<br>提高专注力,充分活动关节 | | | |
| 柔韧性练习 | 横叉 | 可以肘关节触地 | 30秒/组,<br>3组,<br>间歇20秒 | 10分钟 | — |
| 平衡车练习 | 折返赛车 | 每组4~5人,两组横排,第一组出发到折返点(锥桶)后,快速返回到起点,快速刹车,第二组出发<br>调头时,双脚撑地,屁股抬起,双手抬起车把<br>注意力集中、握把、身体前倾、目视前方,左右脚前后着地,弯道不可以拐得太猛 | 3组,<br>间歇20秒 | 20分钟 | 锥桶、平衡车 |
| 平衡车游戏 | 地面游泳比赛 | 出发后双脚腾空滑行,滑行到下一处锥桶处双脚才可落地<br>感受滑步的频率,增加滑步腾空时间,手臂、膝盖与脚踝保持紧张 | 3组,<br>间歇20秒 | 20分钟 | 平衡车、锥桶 |

### (二)幼儿平衡车课程第21~22课时

**基本动作**:上车下车骑行弯道刹车连贯完成

**体适能发展目标**:身体素质:上肢力量,核心力量,灵敏度

**运动文化塑造:** 学习接车比赛团队配合

| 课程环节 | 课程内容 | 动作要领 | 次,组间歇 | 时长 | 器材 |
|---|---|---|---|---|---|
| 热身运动 | 绳梯脚步灵活性训练 | 开合跳+单脚跳 膝盖脚踝注意缓冲 | 1组 | 10分钟 | 绳梯 |
|  | 关节操 | 颈部、肩部、胸部、正侧压腿 提高专注力,充分活动关节 |  |  |  |
| 柔韧性练习 | 横叉 | 可以肘关节触地 | 30秒/组, 3组, 间歇20秒 | 10分钟 | — |
| 平衡车练习 | 兔跳 | 双脚蹬地,车与人一起腾空,车子先着地 | 3组, 间歇20秒 | 20分钟 | 平衡车、锥桶 |
|  | 站车 | 滑行后,将双脚置于车架站立 |  |  |  |
|  | 竞速赛 | 教师用锥桶布置双弯道 两人一组,竞赛进入弯道时两人可以过不同弯道 顺时针5圈,逆时针5圈 |  |  |  |
| 平衡车游戏 | 接车比赛 | 三人一组。平衡车接力计时比赛 平衡车接车接力时幼儿要击掌,交接车的时候让幼儿自己独立完成 教师要掌控好赛事秩序,不断给幼儿鼓励,加强幼儿之间的团队意识 | 4组, 间歇20秒 | 20分钟 | 锥桶、平衡车 |

### (三)幼儿平衡车课程第23~24课时

**基本动作:** 急停刹车、大跨步前进

**体适能发展目标:** 灵敏、速度、耐力

**运动文化塑造:** 学会在不断的尝试中体会成就感与进步感

| 课程环节 | 课程内容 | 动作要领 | 次,组间歇 | 时长 | 器材 |
|---|---|---|---|---|---|
| 热身运动 | 组合动作 | 高抬腿30次(手触碰膝盖)+向前开合跳+后踢腿跑 学会大腿摆腿 | 3组, 间歇20秒 | 10分钟 |  |
|  | 关节操 | 颈部、肩部、胸部、正侧压腿 提高专注力,充分活动关节 |  |  |  |

续表

| 课程环节 | 课程内容 | 动作要领 | 次,组间歇 | 时长 | 器材 |
|---|---|---|---|---|---|
| 柔韧性练习 | 胸前拉弹力带20次,拉力带前后绕环20次 | 肩关节柔韧性练习 | 3组,间歇20秒 | 10分钟 | 拉力带 |
| 平衡车练习 | 漂移刹车赛 | 两两一组进行比赛,从起点出发,加速到折返点快速刹车掉头折返<br>起点与折返点处各竖一块垫子做缓冲<br>刹车时眼睛直视前方,车路线是直线方向;双脚前伸,用力摩擦地面,车身不偏 | 4组,间歇20秒 | 20分钟 | 栏架、体操垫 |
| 平衡车游戏 | 巩固练习跨大步前进 | 跟着音乐加快频率前进 | 5组,间歇20秒 | 20分钟 | 三角垫、球门 |

(四)幼儿平衡车课程第25~26课时

**基本动作:** 压弯技巧与压弯练习

**体适能发展目标:** 手脚操控能力

**运动文化塑造:** 教师引导:"大家每个人今天都很棒。"小朋友说:"教练辛苦了。"小朋友之间相互拥抱、击掌、礼貌礼仪

| 课程环节 | 课程内容 | 动作要领 | 次,组间歇 | 时长 | 器材 |
|---|---|---|---|---|---|
| 热身运动 | 我是飞行员 | 一路纵队,教师带幼儿绕圈过锥桶慢跑<br>机翼打开(双手侧平举),直道飞机加速(直道提速),弯道减速(弯道减速并身体向内道倾斜) | 2组,间歇20秒 | 10分钟 | 锥桶 |
| | 关节操 | 颈部、肩部、胸部、正侧压腿<br>提高专注力,充分活动关节 | | | |
| 柔韧性练习 | 胸前拉弹力带20次,拉力带前后绕环20次 | 肩关节柔韧性练习 | 3组,间歇20秒 | 10分钟 | 拉力带 |

续表

| 课程环节 | 课程内容 | 动作要领 | 次,组间歇 | 时长 | 器材 |
|---|---|---|---|---|---|
| 平衡车练习 | 左弯练习 | 重心的变换与控制:过左弯时左脚朝前,右脚朝后,把身体的重心全部放在右脚<br>过左弯时为了克服左边重力作用,身体重心要在右腿上 | 5组,间歇20秒 | 20分钟 | — |
| 平衡车游戏 | 压弯 | 压弯时靠近弯道的内侧腿要收起来,外侧腿则伸直摩擦地面 | 4组,间歇20秒 | 20分钟 | 绳梯 |

(五)幼儿平衡车课程第27~28课时

**基本动作**:带好全套护具练习安全摔倒练习

**体适能发展目标**:上肢,下肢力量,移动,转体

**运动文化塑造**:学会接纳每个人的不完美。比赛竞赛,其目标主要是营造竞争与做事专注的精神,过程也很重要,完成即是赢家

| 课程环节 | 课程内容 | 动作要领 | 次,组间歇 | 时长 | 器材 |
|---|---|---|---|---|---|
| 热身运动 | 击鼓传花 | 一路纵队,依次将实心球手递手从头顶将球传至最后一个人腰部要后仰,手臂要发力 | 2组,间歇20秒 | 10分钟 | 实心球 |
| | 关节操 | 颈部、肩部、胸部、正侧压腿,提高专注力,充分活动关节 | | | |
| 柔韧性练习 | 腿呈横叉 | 可以肘关节触地 | 30秒/组,3组,间歇20秒 | 10分钟 | — |
| 平衡车练习 | 安全摔倒 | 幼儿骑行到障碍处,前轮碰触障碍,整个人与车摔倒,倒地时手、膝快速撑地<br>教师注意做好示范与保护,言语鼓励 | 5组,间歇20秒 | 15分钟 | 实心球、平衡车、垫子 |
| 平衡车游戏 | 比赛看谁空溜时间最久 | 直线+空溜比赛<br>以红色、绿色卡片为标志,到红色标志开始空溜,空溜时候把脚搭在车架上,到绿色标志时继续大跨步滑行<br>躯干腰腹肌保持平衡 | 2组,间歇20秒 | 15分钟 | 锥桶、平衡车 |

## （六）幼儿平衡车课程第29~30课时

**基本动作：** 单手推车、单手骑行

**体适能发展目标：** 核心力量、上肢力量、下肢力量、弹跳能力

**运动文化塑造：** 不断挑战自己的训练极限以及坚持的品质、增强团队意识

| 课程环节 | 课程内容 | 动作要领 | 次，组间歇 | 时长 | 器材 |
| --- | --- | --- | --- | --- | --- |
| 热身运动 | 跳跳大作战 | 前后换腿跳+开合跳+前后跳 激活全身肌肉 | 20次/组，4组，间歇20秒 | 10分钟 | — |
| | 关节操 | 颈部、肩部、胸部、正侧压腿 提高专注力，充分活动关节 | 1组 | | |
| 柔韧性练习 | 横叉 | 可以肘关节触地 | 30秒/组，3组，间歇20秒 | 10分钟 | — |
| 平衡车练习 | 单手推车 | 站在平衡车右侧，左手手握车把，把握方向推车； 站在平衡车左侧用右手手握车把，把握方向推车 注意保持身体稳定 | 4组，间歇20秒 | 20分钟 | 平衡车 |
| 平衡车游戏 | 单手骑行 | 先慢速，按照"走步"的方式，逐渐加速，换手练习 扶把时手腕肌肉绷紧 | 4组，间歇20秒 | 20分钟 | 平衡车 |
| | 小手拉大手 | 幼儿与家长各列一路纵队，幼儿一只手拉着家长的手，另一只手推车行进 | | | |

## （七）幼儿平衡车课程第31~32课时

**基本动作：** 直线加速溜冲过减速带、钻山洞

**体适能发展目标：** 柔韧、跳跃、传接、转体

**运动文化塑造：** 感受友谊的可贵：下课后幼儿之间击掌（每个人自己双手相击）、要求幼儿和教练一起收拾教具归位再下课

| 课程环节 | 课程内容 | 动作要领 | 次,组间歇 | 时长 | 器材 |
|---|---|---|---|---|---|
| 热身运动 | 绳梯训练 | 开合跳+单脚跳+快步敏捷跑 | 1组,间歇1分钟 | 10分钟 | 绳梯、实心球 |
| | 小小邮递员 | 分成2组,进行传递实心球接力赛 | | | |
| | 关节操 | 颈部、肩部、胸部、正侧压腿 提高专注力,充分活动关节 | | | |
| 柔韧性练习 | 单腿坐位体前屈 | 拉伸大腿后侧肌肉 | 3组,间歇20秒 | 10分钟 | — |
| 平衡车练习 | 直线加速冲过减速带 | 场地中央放绳梯,直线加速,把控车平衡溜冲过减速带 车把把控要正,滑行车头方向不能偏 | 3组,间歇20秒 | 20分钟 | 绳梯 |
| 平衡车游戏 | 通过"山洞" | 锥桶与面条绳搭建"山洞",幼儿骑行至此快速俯身空溜通过 | 3组,间歇20秒 | 20分钟 | 锥桶、面条绳 |

### (八)幼儿平衡车课程第33~34课时

**基本动作:** 车队比赛

**体适能发展目标:** 下肢灵活性、投掷

**运动文化塑造:** 学会为队友鼓励、为队友加油,对没有获胜的队友不埋怨

| 课程环节 | 课程内容 | 动作要领 | 次,组间歇 | 时长 | 器材 |
|---|---|---|---|---|---|
| 热身运动 | 小栏架跳跃 | 激活中枢神经系统,提高机体温度,减少肌肉粘滞性 | 2组,间歇20秒 | 10分钟 | 小栏架 |
| | 弓箭步换腿跳 | | | | |
| | 高抬腿跑 | | | | |
| 柔韧性练习 | 坐位体前屈 | 动作完整 | 2组,间歇20秒 | 10分钟 | — |
| | 横叉 | | | | |
| 平衡车练习 | 比赛 | 加速+刹车+掉头折返加速比赛(2轮) | 2组,间歇20秒 | 20分钟 | — |
| | 复习直线空溜与弯道空溜 | 两人一组进行比赛 | | | |

续表

| 课程环节 | 课程内容 | 动作要领 | 次,组间歇 | 时长 | 器材 |
|---|---|---|---|---|---|
| 平衡车游戏 | 模拟车队赛 | 将幼儿平均分为两队<br>每队各派出一名幼儿,每轮比赛目标是骑行2圈。幼儿坐在距离平衡车起点3米远的位置,平衡车在起点有序倒地放好,听到教师说"比赛开始"的口令后,幼儿迅速起身奔跑到平衡车处,将倒放的车快速扶起后出发,开始骑行2圈<br>每次获胜者第一名积10分,第二名积4分,总积分高的队获胜 | 3组,间歇20秒 | 20分钟 | — |

(九)幼儿平衡车课程第35~36课时

**基本动作**:空溜比赛

**体适能发展目标**:灵敏、力量、手眼协调

**运动文化塑造**:比赛中的竞争与合作是运动最大的魅力

| 课程环节 | 课程内容 | 动作要领 | 次,组间歇 | 时长 | 器材 |
|---|---|---|---|---|---|
| 热身运动 | 敏捷梯(单腿跳、开合跳)<br>下蹲上举实心球8次<br>俯身登山跑 | 下肢灵活性 | 2组,间歇20秒 | 10分钟 | 绳梯、实心球 |
| 柔韧性练习 | 竖叉 | 双手放在腿两边 | 2组,间歇20秒 | 10分钟 | — |
| 平衡车游戏比赛 | 直线空溜<br>L形俯身空溜<br>U形俯身空溜 | 学会控制双臂与核心力量<br>在拐弯时候身体倾斜技巧 | 3组,间歇20秒 | 40分钟 | 平衡车、锥桶、面条绳、梯形桥、标志杆 |

## 三、第三阶段——提高班

(一)幼儿平衡第37~38课时

**基本动作**:负重进行"走步"及"滑行"练习、重物拖行

**体适能发展目标**：核心区力量、灵敏性

**运动文化塑造**：培养坚韧的品质，合作精神

| 课程环节 | 训练内容 | 动作要领 | 次,组间歇 | 时长 | 器材 |
|---|---|---|---|---|---|
| 热身运动 | 10米往返跑3次 | 接球时候球不可以落地 | 2组,间歇20秒 | 10分钟 | 实心球 |
| | 实心球抛接10次 | | | | |
| | 弓箭步摆臂大跳换腿跳5个 | | | | |
| 柔韧性练习 | 竖叉 | 双手放在腿两,膝盖不可以弯曲 | 2组,间歇20秒 | 10分钟 | — |
| 平衡车练习 | 负重滑行 | 将轮胎绑在平衡车后面拖行,负重进行走步及滑行 | 4组,间歇20秒 | 40分钟 | 平衡车、轮胎、沙袋 |
| | 负重大跨步骑行与刹车 | 小腿绑沙袋进行大跨步骑行与刹车,除去沙袋后感受自己的身体感觉 | 3组,间歇20秒 | | |

（二）幼儿平衡车第39~40课时

**基本动作**：弯道超车、刷圈练习

**体适能发展目标**：下肢力量、核心区力量、下肢灵敏性

**运动文化塑造**：在比赛任何一个环节,都需要有全力以赴的精神

| 课程环节 | 训练内容 | 动作要领 | 次,组间歇 | 时长 | 器材 |
|---|---|---|---|---|---|
| 热身运动 | 小栏架灵敏性练习 | 摆臂跨越栏架+摆臂跳跃栏架注意下肢灵活性及摆臂 | 2组,间歇20秒 | 10分钟 | 栏架 |
| | 徒手跳绳50次 | 注意下肢灵活性及摆臂 | | | |
| 柔韧性练习 | 坐位体前屈 | 充分拉伸身体 | 2组,间歇20秒 | 10分钟 | — |
| | 横叉+竖叉 | | | | |
| 平衡车练习 | 培养"弯道超越意识" | 2~4人一组,根据弯道调整压道、速度、车头转弯的角度 锻炼车把控制能力和不怕困难你追我赶的精神 | 4组,间歇20秒 | 40分钟 | 平衡车、锥桶 |
| | 拉体能刷圈 | 顺时针6圈+逆时针6圈 腰腹肌控制手臂,控制车方向 | 3组,间歇20秒 | | |

（三）幼儿平衡车第41~42课时

**基本动作**：冲坡、高陡坡练习

**体适能发展目标**：上肢力量、下肢力量、跳跃能力

**运动文化塑造**：冲坡的时候要勇敢、不怕困难

| 课程环节 | 训练内容 | 动作要领 | 次,组间歇 | 时长 | 器材 |
|---|---|---|---|---|---|
| 热身运动 | 组合练习 | 下蹲走+俯身登山+波比跳3个 激活全身肌肉骨骼 | 2组,间歇20秒 | 10分钟 | — |
| 柔韧性练习 | 横叉+竖叉 | 保持身体平衡 | 2组,间歇20秒 | 10分钟 | — |
| 平衡车练习 | 学习上坡冲坡技术 | 保持上肢与核心稳定 感受上坡带来的超重感觉与失重感,克服自己的畏难心理、恐惧心理 | 4组,间歇20秒 | 40分钟 | 平衡车、锥桶 |
| | 拉体能刷圈 | 顺时针6圈+逆时针6圈 腰腹肌控制手臂,控制车方向 | 3组,间歇20秒 | | |

## (四)幼儿平衡车第43~44课时

**基本动作**：学习兔跳

**体适能发展目标**：下肢力量

**运动文化塑造**：团队精神、逆商

| 课程环节 | 训练内容 | 动作要领 | 次,组间歇 | 时长 | 器材 |
|---|---|---|---|---|---|
| 热身运动 | 敏捷梯练习 | 四种敏捷梯方法练习 手臂摆臂,膝盖微曲 | 2组,间歇20秒 | 10分钟 | — |
| 柔韧性练习 | 横叉+竖叉 | 保持身体平衡 | 2组,间歇20秒 | 10分钟 | — |
| 平衡车练习 | 学习兔跳 | 握紧车把、双脚蹬地向上纵跳手带动平衡车,屁股离开车腾空,落地时双脚轻点地,原地练习 | 4组,间歇20秒 | 20分钟 | 平衡车、红色标志、锥桶 |
| | 小兔子采萝卜 | 原地练习基本掌握后,所有幼儿依次沿跑道中等速度滑行(不超车),听到"红萝卜"就兔跳,看到红灯就刹车 | | | |
| 平衡车游戏 | 障碍刷圈 | 顺时针6圈+逆时针6圈,场地设狭窄路段 尽可能减少与障碍物的接触 | 3组,间歇20秒 | 20分钟 | 锥桶、平衡车 |

### (五)幼儿平衡车第45~46课时

**基本动作**：下斜坡过窄道、急转弯
**体适能发展目标**：下肢力量、核心区力量、爆发力、平衡车
**运动文化塑造**：培养合作永争第一的精神、坚韧的品质

| 课程环节 | 训练内容 | 动作要领 | 次,组间歇 | 时长 | 器材 |
|---|---|---|---|---|---|
| 热身运动 | 油条变包子 | 抱膝跳激活肌肉、骨骼 | 3组,间歇1分钟 | 10分钟 | — |
| | 长高跳 | 原地半蹲摸高跳 | | | |
| | 剪刀跳 | 交换腿摆臂向上跳 | | | |
| 柔韧性练习 | 横叉+竖叉 | 各30秒 | 2组,间歇1分钟 | 10分钟 | — |
| | 仰卧提腿+站立踢腿 | 每条腿20次 | | | |
| 平衡车练习 | 空间感距离感训练 | 用锥桶摆好窄道(窄道距离不超过5米),测定窄道距离,控制车头与全身稳定性 | 5组,间歇20秒 | 20分钟 | 锥桶、平衡车 |
| 平衡车游戏 | 下坡急转弯 | 下坡处为90°L形锥桶弯；快速对路况做出判断并做出急转弯动作,急转弯的时候双腿的控制能力 | 3组,间歇20秒 | 20分钟 | 锥桶、平衡车 |

### (六)幼儿平衡车第47~48课时

**基本动作**：空溜站立
**体适能发展目标**：上肢力量、下肢力量、跳跃能力、综合灵敏
**运动文化塑造**：在技术比赛中通过合作取得成功、遇到困难不抛弃不放弃

| 课程环节 | 训练内容 | 动作要领 | 次,组间歇 | 时长 | 器材 |
|---|---|---|---|---|---|
| 热身运动 | 组合练习 | 士兵爬+半蹲跑；激活下肢 | 3组,间歇20秒 | 10分钟 | — |
| | 组合练习 | 跨越4个垫子+跳6个栏架 激活肌肉、骨骼、筋膜链 | | | |
| | 关节操 | 颈部、肩部、胸部、正侧压腿 提高专注力,充分活动关节 | | | |
| 柔韧性练习 | 横叉+竖叉 | 各30秒 | 3组,间歇20秒 | 10分钟 | — |
| | 仰卧提腿+站立踢腿 | 每条腿20次 | | | |

续表

| 课程环节 | 训练内容 | 动作要领 | 次,组间歇 | 时长 | 器材 |
|---|---|---|---|---|---|
| 平衡车练习 | 连贯动作 | 滑行—空溜收腿—放于车架—站立—滑行—坐下<br>教师先做示范,幼儿按照教师示范做出6个连贯动作,注意保持核心稳定 | 3组,间歇20秒 | 20分钟 | 锥桶、平衡车 |
| 平衡车游戏 | 比一比:连贯动作大比拼 | 按次序一个一个出发,进行刚刚学习的连贯动作比赛<br>保持每个动作的动作到位,保持流畅度,看谁动作无失误且距离最远 | 3组,间歇20秒 | 20分钟 | 锥桶、平衡车 |
| | | 让幼儿观察其他幼儿的表现,赛后互相说说别人的优点、自己的成绩 | | | |

(七)幼儿平衡车第49~50课时

**基本动作:** 完整赛事坡道模拟练习

**体适能发展目标:** 抗伸展核心训练、前侧核心爆发力

**运动文化塑造:** 坚持

| 课程环节 | 训练内容 | 动作要领 | 次,组间歇 | 时长 | 器材 |
|---|---|---|---|---|---|
| 热身运动 | 组合练习 | 高抬腿跑步+后踢跑+后退跑+推跳箱<br>激活肌肉、骨骼、筋膜链 | 2组,间歇20秒 | 10分钟 | 跳箱 |
| 柔韧性练习 | 横叉+竖叉 | 各1分钟 | 2组,间歇20秒 | 10分钟 | — |
| | 正踢腿+侧踢腿 | 每条腿30次 | | | |
| 平衡车练习 | 连贯动作 | 滑行加速—空溜收腿—放于车架—借惯性上坡—在坡峰顺势而下—在坡底借惯性身体协同车子同向发力再上坡峰<br>保持动作连贯 | 依次进行 | 40分钟 | 锥桶、平衡车 |

# 第五章 幼儿武术课程

## 第一节 幼儿武术课程的概念

南朝时首次出现"武术"一词,载于《昭明文选》,其中有一诗句为"偃闭武术,阐扬文令",这里的武术泛指军事技术。武术是我国的国粹,如今大家所说的武术改变了原来的涵义,多指体育运动。是以中华文化为理论基础,以技击方法为基本内容,以套路、格斗、功法为主要运动形式的传统体育。[1]武术运动在幼儿阶段的开展不仅有助于提高幼儿的体质,而且利于幼儿增强对中国文化的自信,树立守护中华民族优良传统文化的信念。武术所倡导的忠、仁、义、礼、智、信、勇都是一种关于礼仪、品德的价值观,对幼儿的价值观、认知、品格塑造都有很好的作用。

2014年,教育部发布的《完善中华优秀传统文化教育指导纲要》中明确指出,加强中华优秀传统文化教育是深化中国特色社会主义教育和中国梦宣传教育的重要组成部分;是构建中华优秀传统文化传承体系,推动文化传承创新的重要途径;是培育和践行社会主义核心价值观,落实立德树人根本任务的重要基础。国家将对武术的推广列入发展规划。2016年,国家体育总局武术运动管理中心制定的《中国武术发展五年规划(2016—2020年)》中明确提出:"要以服务全民健身国家战略、满足人民群众日益增长的多元化体育健身需求为出发点和落脚点,坚持以人为本、改革引领、创新驱动、提升服务、注重实效的工作原则,以社会武术、竞技武术、国际推广、武术文化、武术教育、武术科研、武术产业等领域为重点。"

幼儿武术的概念必须满足三个要素:其一,必须以"武术"定义为基准;其二,对象处于幼儿期;其三,要符合幼儿身心发展特点的基本规律。[2]本书认为,幼儿武术课程是3~6岁学龄前儿童以武术为课程内容进行健身、防身、修身等具有中国传统文化底蕴的体育活动。

---

[1] 杨建营,程丽平.大武术观统领下广义武术概念的确立[J].上海体育学院学报,2013:12(5).
[2] 刘丹.幼儿武术套路创编及教学效果研究[D].苏州:苏州大学,2018.

## 第二节　开设幼儿武术课程的意义与目标

武术不仅有强身健体的体育功能,而且有培养社会责任担当、道德情操等教学内涵,学习武术的同时幼儿也可以感受文化自信与家国情怀。在体育教育的过程中融入爱国主义教育、中国传统文化教育、道德教育,可以说幼儿武术教育是一种一举多得的教育方法。

幼儿武术教师只有充分掌握幼儿的成长特点,通过多种手段、多种教具,配合音乐等形式,设计完善的幼儿喜爱的武术课程,才能真正形成学前武术课程的竞争力,通过多种武术道具与服装让幼儿对武术的理解进一步深化、趣味化、童真化。

幼儿武术课程体育课程,强身健体是首要功能,应该把提高幼儿的身体素质放在首位,同时要将武仪、武德贯穿始终,让每个学习武术的幼儿通过武术教育知道什么是谦虚、尊师、克己。通过课程还可以培养幼儿吃苦耐劳的精神。

因此,幼儿武术课程的目标如下:

(1)使幼儿了解武术服装、武术的历史。

(2)教会幼儿简单成套的动作,简单了解武术器械。

(3)使幼儿懂得武仪、武德。

(4)培养幼儿不怕挫折、吃苦耐劳的精神。

(5)学习散打防身。

## 第三节　幼儿武术课程内容

从服装、器械、礼仪、套路等方面学习武术,可以让幼儿的品质、行为习惯、性格塑造处于一种积极向上的状态,让幼儿知道学习武术的目的不是暴力、逞强打架,而是要自我防卫与彼此尊重。幼儿武术课程应该以武术技术掌握作为首要目标,还要将游戏、娱乐化教学手段融入幼儿武术教学,将快乐武术、兴趣武术作为武术启蒙的教学思路。教学方法上,教师可采用"区别教学、榜样教学、情景教学、生动教学"[1]。

目前,我国幼儿武术课程的研究多停留在理论阶段,关于武术课程实践的教材并不多,大部分幼儿园与机构并没有统一的教学大纲。在教学实践中,幼儿武术教学可以运用幼儿喜欢的动物形象、动画片、颜色等素材,形象地展示武术学习内容,融入童谣、音乐等元素调动幼儿的运动兴趣,也可以将爱国英雄武将作为课程导入,让幼儿知道学习武术的

---

[1] 吴猛,许易侠.激发幼儿学习武术兴趣的实施路径研究[J].武术研究,2020(1):71-74.

目的还有自保与保卫家园、培养高尚的道德情操。同时,在武术课程中,通过组织活动与竞赛,让幼儿学习公平竞争与永争第一的体育精神,克服困难、克服懒惰,不惧竞争,让幼儿明白做好每件事都需要锲而不舍的精神,懂得任何事情的成功都需要付出努力。幼儿武术教学不可过于教条、死板,要多鼓励、多表扬,这样才能使幼儿长期坚持武术学习。同时,要与幼儿的家长沟通,告知武术就是要培养幼儿吃苦耐劳、坚持不懈的精神,这样家长也会更加配合。

幼儿武术课程是幼儿体育活动的专项课程,课程内容分为热身、柔韧性练习、武术专项练习、武术游戏4个环节,在每课时中融入运动文化塑造的内容分为四个阶段,第1~8课时的启蒙班内容,主要的目标是幼儿的武术启蒙,适合2~3岁幼儿;第9~16课时的基础班的内容,主要的目标是幼儿武术技术启发;第17~26课时提高班的内容,主要的目标是为高级班打基础,适合4~5岁幼儿;第27~82课时高级班的内容,主要的目标是全面提高幼儿的武术运动能力,适合5岁以上幼儿。

## 一、第一阶段——启蒙班

(一)幼儿武术课程第1~2课时

**基本动作**:行走、跑步、拳、掌、勾

**武术发展**:躲闪、格挡

**运动文化**:抱拳礼(右拳左掌代表尊重对手)

| 课程环节 | 课程内容 | 动作要领 | 次,组间歇 | 时长 | 器材 |
| --- | --- | --- | --- | --- | --- |
| 热身运动 | 集结号 | 全蹲、半蹲、立正 | 2组 间歇20秒 | 15分钟 | — |
| | 教师引导:"小朋友们我们现在玩一个小冰棍集结号游戏,一声哨子变冰棍(全蹲),二声哨子冰棍解冻(跑步),听到教师吹长哨迅速跑步集结。" ||||||
| | 关节操 | 颈部绕环、手臂绕环、脚踝绕环 | 2组, 间歇20秒 | 15分钟 | — |
| | 教师引导:"小汽车准备发动喽。小朋友们准备好,头部车头摆正(颈部绕环)、手臂车门打开(手臂绕环)、腿部轱辘开动(脚踝绕环)。" ||||||
| 柔韧性练习 | 坐位体前屈 | 左侧屈、右侧屈、体前屈摸脚 | 2组, 间歇20秒 | 5分钟 | — |

续表

| 课程环节 | 课程内容 | 动作要领 | 次,组间歇 | 时长 | 器材 |
|---|---|---|---|---|---|
| 武术练习 | 脚后跟点地向前走 | 幼儿一路纵队,企鹅步(脚后跟点地向前走)到达一端去捕小鱼(下蹲拿取小球),然后抬起手臂将小鱼(小球)高举跑步返回注意手臂伸直,不可以弯曲 | 2组,间歇20秒 | 10分钟 | 小球 |
| | 学习拳、掌、勾 | 肌肉绷紧,手肘不可以弯曲 | 2组,间歇20秒 | 10分钟 | — |
| | 教师引导:"小炮弹(拳),小饼干(掌),小钩子(勾)。" | | | | |
| 武术游戏 | 组合动作 | 前滚翻+散打滚翻动作时身体收紧;散打动作时重点稳定,脚掌不离地 | 2组,间歇20秒 | 20分钟 | 体操垫 |
| | 教师引导:"听老师口令,注意力集中!小冰棍!(向前做前滚翻)小炮弹!(散打直拳三连击)。" | | | | |

(二)幼儿武术课程第3~4课时

**基本动作:**双脚跳、翻滚、拳、掌、勾、马步、弓步、扑步

**武术发展:**躲闪、格挡

**运动文化:**排队秩序感

| 课程环节 | 课程内容 | 动作要领 | 次,组间歇 | 时长 | 器材 |
|---|---|---|---|---|---|
| 热身运动 | 小蜜蜂飞起来 | 原地高抬腿跑 | 1组,间歇20秒 | 3分钟 | — |
| | 小马向前、向后跑 | 原地高抬腿+原地后踢腿 | | | |
| | 教师引导:"小马向前(原地高抬腿),小马向后(原地后吸腿)。" | | | | |
| | 小炮弹 | 散打直拳 | 1组,间歇20秒 | 3分钟 | — |
| | 学习拳、掌、勾 | | | | |
| | 教师引导:"小炮弹(拳),小饼干(掌),小钩子(向前勾手)。" | | | | |
| | 模仿小马 | 马步+弓步+仆步 | 1组,间歇20秒 | 4分钟 | — |
| 柔韧性练习 | 坐位体前屈 | 左侧屈、右侧屈、体前屈摸脚 | 2组,间歇20秒 | 5分钟 | — |
| 武术练习 | 小兔跳(移动技能) | 确保双脚同时起跳。起跳时,蹬地向前上方,配合手臂上摆,踝关节起跳蹬伸,落地缓冲声音小 | 2组,间歇20秒 | 15分钟 | — |

续表

| 课程环节 | 课程内容 | 动作要领 | 次,组间歇 | 时长 | 器材 |
| --- | --- | --- | --- | --- | --- |
| 武术游戏 | 组合动作 | 前滚翻+散打<br>滚翻时保持身体收紧的状态;<br>散打时重心稳定,脚掌不离地 | 2组,<br>间歇20秒 | 20分钟 | 体操垫 |
| | 教师引导:"听老师口令,注意力集中! 小冰棍!(向前做前滚翻)小炮弹!(散打直拳三连击)。" | | | | |

### (三)幼儿武术课程第5~6课时

**基本动作:** 钻、爬、弹跳

**武术发展:** 三连击

**运动文化:** 排队秩序感

| 课程环节 | 训练内容 | 动作要领 | 次,组间歇 | 时长 | 器材 |
| --- | --- | --- | --- | --- | --- |
| 热身运动 | 飞檐走壁 | 身体呈平板支撑状态并移动,依靠手臂力量在体操垫上或者敏捷梯的空白处移动,脚跟随手臂移动 | 2组,<br>间歇20秒 | 10分钟 | 体操垫、敏捷梯 |
| 柔韧性练习 | 坐位体前屈 | 手触脚,手臂伸直 | 2组,<br>间歇20秒 | 5分钟 | — |
| 武术练习 | 障碍赛道智勇大冲关 | 跳—钻—跳—钻,即弹跳栏架+钻爬栏架+跳体操垫+钻过跨栏架+过平衡木<br>手臂平衡横向移动 | 2组,<br>间歇20秒 | 15分钟 | 栏架、体操垫、平衡木 |
| | 复习前滚翻+散打 | 跳摆手臂,膝盖缓冲,落地轻 | | | |
| | 教师引导:"听老师口令,注意力集中! 小冰棍!(向前做前滚翻)小炮弹!(散打直拳三连击)。" | | | | |

### (四)幼儿武术课程第7~8课时

**基本动作:** 悬垂、三连击

**武术发展:** 拳、掌、勾、马步、弓步、扑步、三连击+躲闪+格挡

**运动文化:** 站如松、坐如钟、行如风、卧如弓;抱拳礼;学会处理失败情绪

| 课程环节 | 训练内容 | 动作要领 | 次,组间歇 | 时长 | 器材 |
|---|---|---|---|---|---|
| 热身运动 | 交替并步跳、开合跳 | 起点出发,双脚并拢跳入第一个圈(并步跳),双脚打开进双圈,一脚一个圈(开合跳)<br>注意膝盖缓冲,脚踝缓冲,自然摆臂 | 2组,间歇20秒 | 10分钟 | — |
| 柔韧性练习 | 坐位体前屈 | 手臂伸直,指尖过脚尖 | 2组,间歇20秒 | 5分钟 | — |
| 武术练习 | 单杠做悬垂 | 强调手臂力量 | 2组,间歇20秒 | 15分钟 | 单杠 |
| | 障碍赛道智勇大冲关 | 跳体操垫+钻过组合栏架+跳体操垫+钻过跨栏架+过平衡木手臂平衡横向移动<br>注意核心控制,臀部收紧 | 2组,间歇20秒 | 10分钟 | 栏架、体操垫、平衡木 |

## 二、第二阶段——基础班

(一)幼儿武术课程第9~10课时

**基本动作:**倒立、跳、爬

**武术发展:**拳、掌、勾、马步、弓步、扑步、正蹬

**运动文化:**比赛中学会处理失败情绪

| 课程环节 | 训练内容 | 动作要领 | 次,组间歇 | 时长 | 器材 |
|---|---|---|---|---|---|
| 热身运动 | 老虎爬+螃蟹爬 | 竖直线手脚爬行+横直线手脚爬行<br>手臂伸直,腰腹控制 | 2组,间歇30秒 | 10分钟 | 绳梯 |
| | 教师引导:"小朋友们,我们变成老虎出发了(竖直线手脚爬行)。小老虎们变成小螃蟹,小螃蟹们出发了(横直线手脚爬行)。" | | | | |
| 柔韧性练习 | 坐位体前屈 | 手触脚,控制10秒 | 2组,间歇30秒 | 5分钟 | — |
| 武术练习 | 小猴子上山下山 | 双脚跳跃至低跳箱上(一层体操垫),再跳跃至中高度跳箱上(二层体操垫),双脚不动进行前滚翻步<br>注意膝盖缓冲,脚踝弹性 | 2组,间歇30秒 | 10分钟 | 体操垫/跳箱 |

续表

| 课程环节 | 训练内容 | 动作要领 | 次,组间歇 | 时长 | 器材 |
|---|---|---|---|---|---|
| 武术游戏 | 倒立30秒 | 手臂手肘伸直支撑 | 2组,间歇30秒 | 35分钟 | 栏架、体操垫、拳击手套 |
| | 组合动作 | S弯跑+跨栏走+敏捷梯趴+跳上2层体操垫+S弯跑+跨栏跳+敏捷梯爬+跳上2层体操垫+跳下<br>注意力集中,反应敏捷 | | | |
| | 三连击 | 直拳(炮弹发射)+躲闪(激光/飞机)+格挡(防止炸弹)<br>格挡需要手臂快速收缩,注意力集中 | | | |

### (二)幼儿武术课程第11~12课时

**基本动作:**滚翻

**武术发展:**拳、掌、勾、马步、弓步、扑步、正蹬

**运动文化:**在比赛中学会竞争

| 课程环节 | 训练内容 | 动作要领 | 次,组间歇 | 时长 | 器材 |
|---|---|---|---|---|---|
| 热身运动 | 老虎爬+螃蟹爬 | 竖直线手脚爬行+横直线手脚爬行<br>匍匐前进躯干贴地,在绳梯上设立障碍物,在匍匐前进过程中不要碰到障碍物 | 2组,间歇30秒 | 10分钟 | 绳梯 |
| 柔韧性练习 | 坐位体前屈 | 手超过脚尖,控制20秒 | 2组,间歇30秒 | 5分钟 | — |
| 武术练习 | 学习连续前滚翻动作 | 利用三角斜坡垫学习连续前滚翻动作,手放在脚尖前,两脚分开与肩膀同宽,屈膝,手发力推动肩膀向前翻滚 | 2组,间歇30秒 | 10分钟 | 三角斜坡垫 |
| 武术游戏 | 少林拳 | 变化步型的时候需要腿部发力 | 2组,间歇30秒 | 10分钟 | — |
| | 教师引导:"抱起一个大西瓜(双掌心向上),西瓜飞上天(双臂伸直手指伸直),西瓜捧着(弓步推掌),西瓜推出去(马步推掌)。" | | | | |

续表

| 课程环节 | 训练内容 | 动作要领 | 次,组间歇 | 时长 | 器材 |
|---|---|---|---|---|---|
| 武术游戏 | 障碍赛道智勇大冲关 | S弯跑+跨栏走+敏捷梯趴+跳上2层体操垫+S弯跑+跨栏跳+敏捷梯爬+跳上2层体操垫+跳下注意手臂快速收缩注意力集中 | 2组,间歇30秒 | 25分钟 | 栏架、体操垫、敏捷梯 |

### (三)幼儿武术课程第13~14课时

**基本动作:** 助跑跳远、投掷

**武术发展:** 拳、掌、勾、马步、弓步、扑步、正蹬

**运动文化:** 练习拳法时集中注意力

| 课程环节 | 训练内容 | 动作要领 | 次,组间歇 | 时长 | 器材 |
|---|---|---|---|---|---|
| 热身运动 | 老虎爬+螃蟹爬 | 竖直线手脚爬行+横直线手脚爬行<br>用左右步伐完成绳梯动作;跨越组合栏架时脚后跟抬起,脚掌发力 | 2组,间歇30秒 | 10分钟 | 绳梯 |
| | 教师引导:"小朋友们,我们变成老虎出发了(竖直线手脚爬行)。小老虎们变成小螃蟹,小螃蟹们出发了(横直线手脚爬行)。" | | | | |
| 柔韧性练习 | 坐位体前屈 | 手超过脚尖,控制30秒 | 2组,间歇30秒 | 5分钟 | — |
| 武术练习 | 拖运体操垫 | 身体前屈,单手拖拉体操垫练习上肢力量<br>逐渐在体操垫上增加重量 | 3组,间歇30秒 | 5分钟 | 体操垫 |
| 武术游戏 | 少林拳 | 膝盖不能弯曲,变化步型时需要腿部发力 | 3组,间歇30秒 | 10分钟 | — |
| | 教师引导:"抱起一个大西瓜(双掌心向上),西瓜飞上天(双臂伸直手指伸直),西瓜捧着(弓步推掌),西瓜推出去(马步推掌)变个彩虹(马步架掌),西瓜打上天(并步架拳),抓西瓜(弓步推掌)。" | | | | |
| | 比赛扔拳击手套:幼儿站在体操垫上扔手套 | 训练幼儿手臂爆发力:用肩部带动手臂、手肘、手腕形成力量链条,快速发力 | 3组,间歇30秒 | 25分钟 | 体操垫、拳击手套 |

### (四)幼儿武术课程第15~16课时

**基本动作:** 助跑跳远

**武术发展**:长拳、三连击+躲闪+格挡
**运动文化**:练习躲闪时要勇敢

| 课程环节 | 训练内容 | 动作要领 | 次,组间歇 | 时长 | 器材 |
|---|---|---|---|---|---|
| 热身运动 | 老虎爬+螃蟹爬 | 用左右步伐完成绳梯动作;跨越组合栏架时脚后跟抬起,脚掌发力 | 2组,间歇30秒 | 10分钟 | 绳梯 |
| | 教师引导:"小朋友们,我们变成老虎出发了(竖直线手脚爬行)。小老虎们变成小螃蟹,小螃蟹们出发了(横直线手脚爬行)。" | | | | |
| 柔韧性练习 | 坐位体前屈 | 手触脚尖 | 2组,间歇30秒 | 5分钟 | — |
| 武术练习 | 翻山越岭比赛 | 跳上体操垫+一个前滚翻+跳上体操垫+一个前滚翻连续前滚翻训练 前滚翻时膝盖弯曲,手放在脚尖 | 3组,间歇30秒 | 5分钟 | 体操垫 |
| 武术游戏 | 少林拳 | 膝盖不能弯曲,变化步型时需要腿部发力 | 3组,间歇30秒 | 10分钟 | — |
| | 教师引导:"抱起一个大西瓜(双掌心向上),西瓜飞上天(双臂伸直手指伸直),西瓜捧着(弓步推掌),西瓜推出去(马步推掌),变个彩虹(马步架掌),西瓜打上天(并步架拳),抓西瓜(弓步推掌),老虎生威(换手推掌),双炮弹(并步双冲拳),大狮子弹腿(弹踢腿)。" | | | | |
| 武术游戏 | 组合动作 | 将体操垫按照高、中、低顺序摆放,由高处出发,起跳到中低处跳箱上,返回时进行后退爬 膝盖缓冲,脚踝弹动 | 3组,间歇30秒 | 10分钟 | 跳箱、海绵棒、敏捷圈、拳击手套、体操垫 |
| | 组合动作 | 三连击+躲闪+格挡+一拳反击 三连击时肩部放松;躲闪时肩部向左右倾斜 | 3组,间歇30秒 | 15分钟 | — |
| | 教师引导:"进攻怪兽(三连击),躲闪炮弹(躲闪+格挡),反击一拳(一拳反击)。" | | | | |

## 三、第三阶段——提高班

(一)幼儿武术课程第17~18课时

**基本动作**:助跑跳远、投掷
**武术发展**:长拳、三连击+躲闪+格挡
**运动文化**:练习散打时要坚韧

| 课程环节 | 训练内容 | 动作要领 | 次,组间歇 | 时长 | 器材 |
|---|---|---|---|---|---|
| 热身运动 | 大力气比赛 | 下蹲将体操垫举过头顶,每人下蹲举过头顶10次<br>注意屈膝下蹲时候手臂伸直 | 2组,<br>间歇30秒 | 10分钟 | 体操垫 |
| | 俯身推体操垫 | 臀部不可以抬起很高 | | | |
| 柔韧性练习 | 坐位体前屈 | 坐姿扳腿,手触脚尖 | 2组,<br>间歇30秒 | 5分钟 | — |
| 武术练习 | 变身跳 | 90度转体跳4个+180度转体跳5个<br>手臂向上摆臂,转肩转腰,落地 | 3组,<br>间歇30秒 | 5分钟 | |
| 武术游戏 | 投掷 | 用海绵棒规定3米距离,幼儿用拳击手套扔过线<br>蹬地甩手腕发力 | 3组,<br>间歇30秒 | 10分钟 | 海绵棒、拳击手套 |
| | 少林拳 | 膝盖不能弯曲,变化步型时需要腿部发力 | 3组,<br>间歇30秒 | 10分钟 | |
| | 教师引导:"抱起一个大西瓜(双掌心向上),西瓜飞上天(双臂伸直手指伸直),西瓜捧着(弓步推掌),西瓜推出去(马步推掌),变个彩虹(马步架掌),西瓜打上天(并步架拳),抓西瓜(弓步推掌),老虎生威(换手推掌),双炮弹(并步双冲拳),大狮子弹腿(弹踢腿)。" | | | | |
| 武术游戏 | 前进步 | 原地做前进步<br>第一组前进向前10步<br>第二组前进向前20步<br>第三组前进向前20步<br>注意脚步灵活性,前脚掌发力 | 3组,<br>间歇30秒 | 15分钟 | — |

## (二)幼儿武术课程第19~20课时

**基本动作:**跑+投掷、跨越

**武术发展:**长拳、三连击+躲闪+格挡

**运动文化:**练习躲闪时要勇敢

| 课程环节 | 训练内容 | 动作要领 | 次,组间歇 | 时长 | 器材 |
|---|---|---|---|---|---|
| 热身运动 | 炸倒怪兽比赛 | 向前跑10米,到第一个海绵棒位置投掷拳击手套,蹬地甩手,手腕发力 | 2组,<br>间歇30秒 | 10分钟 | 海绵棒、拳击手套 |
| | 组合动作 | 前滚翻+侧手翻前滚翻<br>完成动作时要连贯,躯干保持肌肉收紧 | | | |

续表

| 课程环节 | 训练内容 | 动作要领 | 次,组间歇 | 时长 | 器材 |
|---|---|---|---|---|---|
| 柔韧性练习 | 坐位体前屈 | 坐姿扳腿,保持30秒 | 2组,间歇30秒 | 5分钟 | — |
| 武术练习 | 小飞侠送快递 | 跑+跨越栏架+爬高体操垫 手臂放松,膝盖脚踝发力 | 3组,间歇30秒 | 5分钟 | 栏架、体操垫 |
| | 少林拳 | 膝盖不能弯曲,变化步型时需要腿部发力 | 3组,间歇30秒 | 10分钟 | — |
| 武术游戏 | | 教师引导:"抱起一个大西瓜(双掌心向上),西瓜飞上天(双臂伸直手指伸直),西瓜捧着(弓步推掌),西瓜推出去(马步推掌),变个彩虹(马步架掌),西瓜打上天(并步架拳),抓西瓜(弓步推掌),老虎生威(换手推掌),双炮弹(并步双冲拳),大狮子弹腿(弹踢腿)。" | | | |
| | 前进步+左右直拳 | 原地做前进步 第一组前进步向前10步 第二组前进向前20步 第三组前进步向前20步 前进步+正蹬 注意脚步灵活性,前脚掌发力 | 3组,间歇30秒 | 25分钟 | 海绵棒、拳击手套 |

(三)幼儿武术课程第21~22课时

**基本动作**:跑+投掷、翻滚、上肢力量

**武术发展**:长拳、三连击+躲闪+格挡

**运动文化**:练习躲闪时要勇敢

| 课程环节 | 训练内容 | 动作要领 | 次,组间歇 | 时长 | 器材 |
|---|---|---|---|---|---|
| 热身运动 | 障碍赛 | 在场地中间设置障碍(S跑)、栏架,让幼儿跨越障碍。将手里的物品传递给下一名幼儿,注意手部抓取动作 | 2组,间歇30秒 | 10分钟 | 海绵棒、栏架 |
| | 组合动作 | 前滚翻+侧手翻前滚翻 完成连续动作时要连贯,躯干保持肌肉收紧 | | | |
| 柔韧性练习 | 单腿坐位体前屈 | 额头去触膝盖 手扳腿,手放在脚踝 | 2组,间歇30秒 | 5分钟 | — |
| 武术练习 | 组合动作 | 爬行+侧翻滚+前翻滚 完成连续动作时要连贯,躯干保持肌肉收紧 | 3组,间歇30秒 | 5分钟 | 栏架 |

续表

| 课程环节 | 训练内容 | 动作要领 | 次,组间歇 | 时长 | 器材 |
|---|---|---|---|---|---|
| 武术游戏 | 少林拳 | 膝盖不能弯曲,变化步型时需要腿部发力 | 3组,间歇30秒 | 10分钟 | — |
| | \multicolumn{5}{l}{教师引导:"抱起一个大西瓜(双掌心向上),西瓜飞上天(双臂伸直手指伸直),西瓜捧着(弓步推掌),西瓜推出去(马步推掌),变个彩虹(马步架掌),西瓜打上天(并步架拳),抓西瓜(弓步推掌),老虎生威(换手推掌),双炮弹(并步双冲拳),大狮子弹腿(弹踢腿),小马出拳(马步横击),一触即发(弓步冲拳)。"} |
| | 前进步+左右直拳+正蹬 | 分三组动作:<br>第一组前进步+两个直拳,向前20步<br>第二组前进步+正蹬,向前20步<br>第三组前进步+直拳正蹬,向前20步<br>注意脚步灵活性,前脚掌发力 | 3组,间歇30秒 | 25分钟 | — |

（四）幼儿武术课程第23~24课时

**基本动作:** 跑+投掷、翻滚、上肢力量

**武术发展:** 长拳、三连击+躲闪+格挡

**运动文化:** 练习散打时不怕困难

| 课程环节 | 训练内容 | 动作要领 | 次,组间歇 | 时长 | 器材 |
|---|---|---|---|---|---|
| 热身运动 | 障碍赛 | 绕体操垫S跑+跨栏架,让幼儿跨越障碍<br>注意完成连续动作时要连贯,躯干保持肌肉收紧 | 2组,间歇30秒 | 10分钟 | 体操垫 |
| | 组合动作 | 前滚翻+侧手翻前滚翻;<br>身体扭转时腰腹肌发力 | | | |
| 柔韧性练习 | 单腿坐位体前屈 | 手放在脚踝处,扳腿,额头触膝盖 | 2组,间歇30秒 | 10分钟 | — |
| 武术练习 | 爬行+侧翻滚+前翻滚 | 爬行至第5块体操垫处横向滚翻接前滚翻;<br>爬行时躯干贴地,侧翻滚需要双手抱肩膀,前滚翻需要头后部贴体操垫 | 2组,间歇30秒 | 10分钟 | 体操垫 |

续表

| 课程环节 | 训练内容 | 动作要领 | 次,组间歇 | 时长 | 器材 |
|---|---|---|---|---|---|
| 武术游戏 | 少林拳 | 膝盖不能弯曲,变化步型时需要腿部发力,五指并拢 | 2组,间歇30秒 | 10分钟 | — |
| | 教师引导:"抱起一个大西瓜(双掌心向上),西瓜飞上天(双臂伸直手指伸直),西瓜捧着(弓步推掌),西瓜推出去(马步推掌),变个彩虹(马步架掌),西瓜打上天(并步架拳),抓西瓜(弓步推掌),老虎生威(换手推掌),双炮弹(并步双冲拳),大狮子弹腿(弹踢腿),小马出拳(马步横击),一触即发(弓步冲拳)。" ||||||
| | 前进步+左右直拳+正蹬 | 原地做前进步:<br>第一组前进步+两个直拳,向前20步<br>第二组前进步+正蹬,向前20步<br>第三组前进步+直拳正蹬,向前20步<br>注意脚步灵活性,前脚掌发力 | 2组,间歇30秒 | 15分钟 | — |

### (五)幼儿武术课程第25~26课时

**基本动作**:跑+投掷、翻滚、上肢力量

**武术发展**:长拳、三连击+躲闪+格挡

**运动文化**:散打练习时不怕打击、始终勇敢

| 课程环节 | 训练内容 | 动作要领 | 次,组间歇 | 时长 | 器材 |
|---|---|---|---|---|---|
| 热身运动 | 不倒翁比赛 | 马步单臂脚<br>注意膝盖用力维持平衡 | 2组,间歇30秒 | 10分钟 | — |
| | 组合动作 | 前滚翻+侧手翻前滚翻<br>身体扭转时腰腹肌发力 | | | |
| 柔韧性练习 | 单腿坐位体前屈 | 手放在脚踝处扳腿<br>额头触膝盖 | 2组,间歇30秒 | 10分钟 | |
| 武术练习 | 海底捞鱼,前庭器官感统训练 | 先做正向手触地,后做背向手触地<br>前臂绷紧,肩关节发力 | 2组,间歇30秒 | 10分钟 | 瑜伽球 |
| | 教师引导:"正向,躯干贴瑜伽球手臂伸直触地,捞起一条鱼。""背向,面朝天,向后手臂触地,再捞起一条鱼。" ||||||
| 武术游戏 | 少林拳 | 膝盖不能弯曲,变化步型时需要腿部发力,五指并拢 | 2组,间歇30秒 | 10分钟 | — |

续表

| 课程环节 | 训练内容 | 动作要领 | 次,组间歇 | 时长 | 器材 |
|---|---|---|---|---|---|
| 武术游戏 | 教师引导:"抱起一个大西瓜(双掌心向上),西瓜飞上天(双臂伸直手指伸直),西瓜捧着(弓步推掌),西瓜推出去(马步推掌),变个彩虹(马步架掌),西瓜打上天(并步架拳),抓西瓜(弓步推掌),老虎生威(换手推掌),双炮弹(并步双冲拳),大狮子弹腿(弹踢腿),小马出拳(马步横击),一触即发(弓步冲拳),万马奔腾(并步撞肘)。" | | | | |
| | 后退步 | | 2组,间歇30秒 | 10分钟 | — |
| | 复习前进步+左右直拳+正蹬 | 原地做前进步:<br>第一组左脚进圈前进步+两个直拳,向前10步<br>第二组左脚进圈前进步+正蹬,向前20步<br>第三组左脚进圈前进步+直拳正蹬,向前20步 | 2组,间歇30秒 | 15分钟 | — |

## 四、第四阶段——高级班

(一)幼儿武术课程第27~28课时

**基本动作:**跑+投掷、翻滚、上肢力量

**武术发展:**长拳、三连击+躲闪+格挡

**运动文化:**散打练习时候不怕打击、始终勇敢

| 课程环节 | 训练内容 | 动作要领 | 次,组间歇 | 时长 | 器材 |
|---|---|---|---|---|---|
| 专项体能 | 往返跑2趟;<br>往返爬2趟;<br>往返跳2趟;<br>往返推体操垫2趟;<br>匍匐爬2趟;<br>提物往返跑2趟;<br>双腿夹海绵棒跳2趟;<br>拉体操垫跑1趟 | 上下肢协调发力,上肢摆臂,下肢摆腿 | 2组,间歇30秒 | 10分钟 | 体操垫、栏架、海绵棒 |
| 柔韧性练习 | 单腿平衡+坐位体前屈 | 手放在脚踝处扳腿额头触膝盖 | 2组,间歇30秒 | 10分钟 | 体操垫 |

续表

| 课程环节 | 训练内容 | 动作要领 | 次,组间歇 | 时长 | 器材 |
| --- | --- | --- | --- | --- | --- |
| 武术练习 | 坐压胯20秒；<br>坐位体前屈10秒；<br>坐地扳腿10秒；<br>正踢腿10次；<br>前滚翻；<br>开步冲拳、开步推掌1次；<br>马步弓步10秒；<br>少林拳 | 专项体能主要以腿部力量为主,腿部肌肉绷紧 | 2组,<br>间歇30秒 | 10分钟 | 体操垫、瑜伽球 |
| 武术游戏 | 后直拳(单击)；<br>直拳格挡；<br>两人一组正蹬腿互踢；<br>连续直拳防守 | 手臂连续击打时注意手臂爆发力,快速收放手臂 | 2组,<br>间歇30秒 | 30分钟 | 手把、拳击手套、海绵棒 |

(二)幼儿武术课程第29~30课时

**基本动作**：下肢灵敏性、上肢协调性、柔韧性、下肢力量

**武术发展**：散打组合、长拳组合

**运动文化**：耐心面对各种复杂情况

| 课程环节 | 训练内容 | 动作要领 | 次,组间歇 | 时长 | 器材 |
| --- | --- | --- | --- | --- | --- |
| 专项体能 | 冲刺跑2趟；<br>倒爬2趟；<br>背身跳2趟；<br>鸭子步2趟；<br>匍匐爬2趟；<br>横向击步跑2趟；<br>蛙跳2趟；<br>负重拉物拉汽车1趟；<br>腿夹海绵棒跑跳跳1趟 | 上下肢协调发力,上肢摆臂,下肢摆腿 | 2组,<br>间歇30秒 | 10分钟 | 体操垫、栏架、海绵棒 |
| 柔韧性练习 | 单腿平衡+坐位体前屈 | 手放在脚踝处扳腿 | 2组,<br>间歇30秒 | 10分钟 | — |

| 课程环节 | 训练内容 | 动作要领 | 次,组间歇 | 时长 | 器材 |
|---|---|---|---|---|---|
| 武术练习 | 坐压胯20秒;<br>坐位体前屈10秒;<br>坐地扳腿10秒;<br>正踢腿10次;<br>前滚翻;<br>开步冲拳、开步推掌1次;<br>马步弓步10秒;<br>少林拳 | 专项专项体能主要以腿部力量为主,腿部肌肉绷紧 | 2组,<br>间歇30秒 | 10分钟 | 瑜伽球 |
| 武术游戏 | 后直拳(单击);<br>直拳格挡;<br>两人一组正蹬腿互踢;<br>连续直拳防守;<br>倒立40秒 | 手臂连续击打时注意手臂爆发力,快速收放手臂<br>倒立时注意腰腹力量 | 2组,<br>间歇30秒 | 30分钟 | 手把、拳击手套、海绵棒 |

## (三)幼儿武术课程第31~32课时

**基本动作**:下肢灵敏性、上肢协调性、柔韧性、下肢力量

**武术发展**:散打组合、长拳组合

**运动文化**:散打练习时候不怕打击、始终勇敢

| 课程环节 | 训练内容 | 动作要领 | 次,组间歇 | 时长 | 器材 |
|---|---|---|---|---|---|
| 专项体能 | 冲刺跑2趟;<br>倒爬2趟; | 上下肢协调发力,上肢摆臂,下肢摆腿 | 2组,<br>间歇30秒 | 10分钟 | 体操垫、跨栏架 |
| 专项体能 | 背身跳2趟;<br>鸭子步2趟;<br>匍匐爬2趟;<br>横向击步跑2趟;<br>蛙跳2趟;<br>负重拉物拉汽车1趟;<br>腿夹海绵棒跑跳跳1趟 | 上下肢协调发力,上肢摆臂,下肢摆腿 | 2组,<br>间歇30秒 | 10分钟 | 体操垫、跨栏架、海绵棒 |
| 柔韧性练习 | 单腿平衡+坐位体前屈 | 手放在脚踝处扳腿 | 2组,<br>间歇30秒 | 10分钟 | — |

续表

| 课程环节 | 训练内容 | 动作要领 | 次,组间歇 | 时长 | 器材 |
|---|---|---|---|---|---|
| 武术练习 | 坐位体前屈10秒;<br>横叉10秒;<br>正踢腿15次;<br>前滚翻;<br>侧手翻初级练习;<br>马步冲拳10次;<br>弓步推掌10次;<br>长拳 | 专项体能主要以腿部力量为主,腿部肌肉绷紧 | 2组,<br>间歇30秒 | 10分钟 | — |
| 武术游戏 | 后直拳(单击);<br>直拳格挡;<br>正蹬腿互踢(两人一组);<br>趣味连续直拳防守冲刺往返跑3趟;<br>仰卧起坐;<br>背肌10次;<br>倒立40秒(俯卧撑);<br>放松肌肉 | 手臂连续击打时注意手臂爆发力,快速收放手臂<br>倒立时注意腰腹力量 | 2组,<br>间歇30秒 | 30分钟 | 手把、拳击、手套、海绵棒 |

(四)幼儿武术课程第33~34课时

**基本动作:** 核心力量、移动灵敏性

**武术发展:** 散打组合、长拳组合

**运动文化:** 竞争中尊重对手

| 课程环节 | 训练内容 | 动作要领 | 次,组间歇 | 时长 | 器材 |
|---|---|---|---|---|---|
| 专项体能 | 冲刺跑2趟;<br>倒爬2趟;<br>背身跳2趟;<br>鸭子步2趟;<br>匍匐爬2趟;<br>横向击步跑2趟;<br>蛙跳2趟;<br>负重拉物拉汽车1趟;<br>腿夹海绵棒跑跳跳1趟 | 上下肢协调发力,上肢摆臂,下肢摆腿 | 2组,<br>间歇30秒 | 10分钟 | 体操垫、跨栏架 |

续表

| 课程环节 | 训练内容 | 动作要领 | 次,组间歇 | 时长 | 器材 |
| --- | --- | --- | --- | --- | --- |
| 柔韧性练习 | 单腿平衡+坐位体前屈 | 手扳腿,手放在脚踝,额头去触膝盖 | 2组,间歇30秒 | 10分钟 | — |
| 武术练习 | 坐位体前屈30秒;<br>双手倒立支撑30秒;<br>扶墙正踢腿20次;<br>侧手翻初级练习;<br>长拳 | 专项专项体能主要以腿部力量为主,腿部肌肉绷紧 | 2组,间歇30秒 | 10分钟 | — |
| 武术游戏 | 前摆拳;<br>前进前后直拳+后退步;<br>两人一组正蹬腿互踢;<br>防守直拳格挡+摆拳格挡;<br>散打技术实战 | 散打技术实战中注意带好护具,动作要协调连贯发力 | 2组,间歇30秒 | 30分钟 | 拳击手套、海绵棒 |

## (五)幼儿武术课程第35~36课时

**基本动作**:核心力量、上肢力量、移动灵敏性

**武术发展**:散打组合、长拳组合

**运动文化**:竞争中尊重对手

| 课程环节 | 训练内容 | 动作要领 | 次,组间歇 | 时长 | 器材 |
| --- | --- | --- | --- | --- | --- |
| 专项体能 | 冲刺跑2趟;<br>倒爬2趟;<br>背身跳2趟;<br>鸭子步2趟; | 上下肢协调发力,上肢摆臂,下肢摆腿 | 2组,间歇30秒 | 10分钟 | 体操垫、跨栏架 |
| 专项体能 | 匍匐爬2趟;<br>横向击步跑2趟;<br>蛙跳2趟;<br>负重拉物拉汽车1趟;<br>腿夹海绵棒跑跳跳1趟 | 上下肢协调发力,上肢摆臂,下肢摆腿 | 2组,间歇30秒 | 10分钟 | 体操垫、跨栏架 |
| 柔韧性练习 | 单腿平衡+坐位体前屈 | 手扳腿,手放在脚踝,额头去触膝盖 | 2组,间歇30秒 | 10分钟 | — |

续表

| 课程环节 | 训练内容 | 动作要领 | 次,组间歇 | 时长 | 器材 |
|---|---|---|---|---|---|
| 武术练习 | 横叉30秒；<br>双手倒立支撑30秒；<br>扶墙后撩腿30次；<br>侧手翻初级练习；<br>倒立贴墙10秒；<br>长拳 | 专项体能主要以腿部力量为主,腿部肌肉绷紧,腰腹紧绷 | 2组,间歇30秒 | 10分钟 | — |
| 武术游戏 | 前摆拳；<br>原地前进前后直拳+后退步；<br>两人一组正蹬腿互踢；<br>侧身摸膝躲闪+标准侧闪；<br>散打技术实战 | 散打技术实战中注意带好护具,动作要协调连贯发力 | 2组,间歇30秒 | 30分钟 | 手把、拳击手套、海绵棒 |

### (六)幼儿武术课程第37~38课时

**基本动作**：核心力量、上肢力量、柔韧、推拉

**武术发展**：散打组合、长拳组合

**运动文化**：竞争中尊重对手

| 课程环节 | 训练内容 | 动作要领 | 次,组间歇 | 时长 | 器材 |
|---|---|---|---|---|---|
| 专项体能 | 冲刺跑2趟；<br>倒爬2趟；<br>背身跳2趟；<br>鸭子步2趟；<br>匍匐爬2趟； | 上下肢协调发力,膝盖注意缓冲,脚踝注意缓冲 | 2组,间歇30秒 | 10分钟 | 体操垫、跨栏架 |
| 专项体能 | 横向击步跑2趟；<br>蛙跳2趟；<br>负重拉物拉汽车1趟；<br>腿夹海绵棒跑跳跳1趟 | 上下肢协调发力,膝盖注意缓冲,脚踝注意缓冲 | 2组,间歇30秒 | 10分钟 | 体操垫、跨栏架 |
| 柔韧性练习 | 单腿平衡+坐位体前屈 | 手扳腿,手放在脚踝,额头去触膝盖 | 2组,间歇30秒 | 10分钟 | — |

续表

| 课程环节 | 训练内容 | 动作要领 | 次,组间歇 | 时长 | 器材 |
|---|---|---|---|---|---|
| 武术练习 | 横叉30秒;<br>双手倒立支撑30秒;<br>扶墙后撩腿30次;<br>侧手翻中级练习;<br>前滚翻+仰卧侧踹;<br>长拳 | 专项体能练习注重爆发力,腰腹不松 | 2组,<br>间歇30秒 | 10分钟 | — |
| 武术游戏 | 后直+前摆拳;<br>左右平移步;<br>两人一组正蹬腿互踢;<br>两人一组摇臂躲闪;<br>散打技术实战 | 散打技术实战中注意带好护具,动作要协调连贯发力 | 2组,<br>间歇30秒 | 30分钟 | 手把、拳击手套、海绵棒 |

(七)幼儿武术课程第39~40课时

**基本动作:** 核心力量、上肢力量、平衡

**武术发展:** 散打组合、长拳组合

**运动文化:** 竞争中尊重对手;

| 课程环节 | 训练内容 | 动作要领 | 次,组间歇 | 时长 | 器材 |
|---|---|---|---|---|---|
| 专项体能 | 耐力接力赛3趟;<br>往返单腿跳2趟;<br>散打连续前进步+后退步2趟;<br>助跑垫步侧手翻2趟;<br>单腿跳2趟;<br>二级螃蟹跑2趟;<br>抱脚倒立蜘蛛爬 | 上下肢协调发力,膝盖注意缓冲,脚踝注意缓冲 | 2组,<br>间歇30秒 | 10分钟 | 体操垫、跨栏架 |
| 柔韧性练习 | 单腿平衡+坐位体前屈 | 手扳腿,手放在脚踝额头去触膝盖 | 2组,<br>间歇30秒 | 10分钟 | — |
| 武术练习 | 左右竖叉30秒;<br>双手倒立支撑30秒;<br>扶墙后撩腿30次;<br>侧手翻高级练习 | 专项体能练习注重爆发力,腰腹肌肉发力 | 2组,<br>间歇30秒 | 10分钟 | |
| 武术练习 | 侧摔+仰卧侧踹+乌龙绞柱 | 专项体能练习注重爆发力,腰腹肌肉发力 | 2组,<br>间歇30秒 | 10分钟 | |

续表

| 课程环节 | 训练内容 | 动作要领 | 次,组间歇 | 时长 | 器材 |
|---|---|---|---|---|---|
| 武术游戏 | 后直+前摆拳;<br>左右平移步;<br>摇臂躲闪+左右直拳;<br>散打技术实战 | 散打技术实战中注意带好护具,动作要协调连贯发力 | 2组,<br>间歇30秒 | 30分钟 | 手把、拳击手套、海绵棒 |

## (八)幼儿武术课程第41~42课时

**基本动作:** 核心力量、上肢力量、扭转

**武术发展:** 散打组合、长拳组合

**运动文化:** 反击中坚忍不拔

| 课程环节 | 训练内容 | 动作要领 | 次,组间歇 | 时长 | 器材 |
|---|---|---|---|---|---|
| 专项体能 | 耐力接力赛3趟;<br>抱头蹲起10个+冲刺+跳起拍手5次;<br>散打连续前进步后退步;<br>助跑垫步侧手翻;<br>跳台阶30次;<br>单腿跳2趟 | 上下肢协调发力,膝盖注意缓冲,脚踝注意缓冲 | 2组,<br>间歇30秒 | 10分钟 | 体操垫、跨栏架 |
| 柔韧性练习 | 单腿平衡+坐位体前屈 | 手扳腿,手放在脚踝额头去触膝盖 | 2组,<br>间歇30秒 | 10分钟 | — |
| 武术练习 | 左右竖叉30秒;<br>双手倒立支撑;<br>助跑侧手翻;<br>侧摔乌龙绞柱;<br>长拳 | 专项体能练习注重爆发力,腰腹肌肉发力 | 2组,<br>间歇30秒 | 10分钟 | — |
| 武术游戏 | 反应实战:分成A、B两组,A组直拳进攻,B组防守反击;<br>左右平移步;<br>摇避躲闪+左右直拳;<br>散打技术实战 | 散打技术实战中注意带好护具,动作要协调连贯发力 | 2组,<br>间歇30秒 | 30分钟 | 手把、拳击手套、海绵棒 |

## (九)幼儿武术课程第43~44课时

**基本动作:** 核心力量、上肢力量、扭转

**武术发展**：散打组合、长拳组合

**运动文化**：散打的竞争与合作

| 课程环节 | 训练内容 | 动作要领 | 次,组间歇 | 时长 | 器材 |
|---|---|---|---|---|---|
| 专项体能 | 耐力接力赛3趟；抱头蹲起10个+冲刺+跳起拍手5次；散打连续前进后退步；助跑垫步侧手翻；跳台阶30次；单腿跳2趟 | 上下肢协调发力,膝盖注意缓冲,脚踝注意缓冲 | 2组,间歇30秒 | 10分钟 | 体操垫、跨栏架 |
| 柔韧性练习 | 单腿平衡+坐位体前屈 | 手扳腿,手放在脚踝,额头去触膝盖 | 2组,间歇30秒 | 10分钟 | — |
| 武术练习 | 左右竖叉30秒；双手倒立支撑；助跑侧手翻；侧摔乌龙绞柱；长拳 | 专项体能练习注重爆发力,腰腹肌肉发力 | 2组,间歇30秒 | 10分钟 | — |
| 武术游戏 | 反应实战：A组直拳进攻B组防守反击；左右平移步；摇避躲闪+左右直拳；散打技术实战 | 散打技术实战中注意带好护具,动作要协调连贯发力 | 2组,间歇30秒 | 30分钟 | 手把、手套、海绵棒 |

（十）幼儿武术课程第45~46课时

**基本动作**：核心力量、上肢力量、扭转

**武术发展**：散打组合、长拳组合

**运动文化**：体育竞赛中的竞争与合作

| 课程环节 | 训练内容 | 动作要领 | 次,组间歇 | 时长 | 器材 |
|---|---|---|---|---|---|
| 专项体能 | 耐力接力赛3趟；抱头蹲起10个+冲刺+跳起拍手5次；散打连续前进后退步；助跑垫步侧手翻；单腿跳2趟；提膝冲拳 | 上下肢协调发力,膝盖注意缓冲,脚踝注意缓冲 | 2组,间歇30秒 | 10分钟 | 体操垫、跨栏架 |

续表

| 课程环节 | 训练内容 | 动作要领 | 次,组间歇 | 时长 | 器材 |
|---|---|---|---|---|---|
| 柔韧性练习 | 左右竖叉30秒 | 膝盖伸直 | 2组,间歇30秒 | 10分钟 | — |
| 武术练习 | 双手倒立支撑；助跑侧手翻；侧摔；长拳 | 四肢动作速度要快,奔跑时肌肉放松,起跳后全身肌肉绷紧,侧摔一定使用厚体操垫 | 2组,间歇30秒 | 10分钟 | 厚体操垫 |
| 武术游戏 | 反应实战:分成A、B两组,A组直拳进攻,B组防守反击；左右平移步；摇避躲闪+左右直拳；散打技术实战 | 散打技术实战中注意带好护具,动作要协调连贯发力 | 2组,间歇30秒 | 30分钟 | 厚体操垫 |

(十一)幼儿武术课程第47~48课时

**基本动作**:核心力量、上肢力量、腾空

**武术发展**:散打组合、长拳组合

**运动文化**:体育竞赛中的竞争与合作

| 课程环节 | 训练内容 | 动作要领 | 次,组间歇 | /时长 | 器材 |
|---|---|---|---|---|---|
| 专项体能 | 耐力接力赛3趟；抱头蹲起10个+冲刺+跳起拍手5次；散打连续前进步后退步；助跑垫步侧手翻；助跑抱膝跳；提膝冲拳 | 上下肢协调发力,膝盖注意缓冲,脚踝注意缓冲 | 2组,间歇30秒 | 10分钟 | 体操垫、跨栏架 |
| 柔韧性练习 | 左右竖叉30秒 | 膝盖伸直 | 2组,间歇30秒 | 10分钟 | — |
| 武术练习 | 双手倒立支撑；助跑侧手翻+连续侧手翻；长拳 | 四肢动作速度要快,奔跑时候肌肉放松,起跳后动作全身肌肉绷紧 | 2组,间歇30秒 | 10分钟 | 厚体操垫 |

| 课程环节 | 训练内容 | 动作要领 | 次,组间歇 | /时长 | 器材 |
|---|---|---|---|---|---|
| 武术游戏 | 反应实战:分成A、B两组,A组直拳进攻,B组防守反击;<br>左右平移步;<br>前后直拳+躲直拳练习;<br>散打技术实战 | 散打技术实战中注意带好护具,动作要协调连贯发力 | 2组,间歇30秒 | 30分钟 | 厚体操垫 |

### (十二)幼儿武术课程第49~50课时

**基本动作**:核心力量、上肢力量、腾空

**武术发展**:散打组合、长拳组合

**运动文化**:体育竞赛中应对挫折,不放弃目标

| 课程环节 | 训练内容 | 动作要领 | 次,组间歇 | 时长 | 器材 |
|---|---|---|---|---|---|
| 专项体能 | 耐力接力赛3趟;<br>抱头蹲起10个+冲刺+跳起拍手5次;<br>散打连续前进步后退步;<br>助跑垫步侧手翻;<br>助跑抱膝跳;<br>提膝冲拳 | 上下肢协调发力,膝盖注意缓冲,脚踝注意缓冲 | 2组,间歇30秒 | 10分钟 | 体操垫、跨栏架 |
| 柔韧性练习 | 左右竖叉30秒 | 膝盖伸直 | 2组,间歇30秒 | 10分钟 | — |
| 武术练习 | 双手倒立支撑;<br>助跑侧手翻+连续侧手翻;<br>长拳 | 四肢动作速度要快,奔跑时肌肉放松,起跳后动作全身肌肉绷紧 | 2组,间歇30秒 | 10分钟 | 厚体操垫 |
| 武术游戏 | 摇避躲闪+左右直拳;<br>连续前进步后退步;<br>前后直拳+直拳躲闪练习;<br>散打技术实战 | 散打技术实战中注意带好护具,动作要协调连贯发力 | 2组,间歇30秒 | 30分钟 | 厚体操垫 |

(十三)幼儿武术课程第51~52课时

**基本动作**:核心力量、上肢力量、腾空

**武术发展**:散打组合、长拳组合

**运动文化**:体育竞赛中应对挫折,不放弃目标

| 课程环节 | 训练内容 | 动作要领 | 次,组间歇 | 时长 | 器材 |
| --- | --- | --- | --- | --- | --- |
| 专项体能 | 耐力接力赛3趟;<br>抱头蹲起10个+冲刺+跳起拍手5次;<br>助跑蹲起跳;<br>侧手翻助跑垫步;<br>助跑抱膝跳;<br>无影脚 | 上下肢协调发力,膝盖注意缓冲,脚踝注意缓冲 | 2组,<br>间歇30秒 | 10分钟 | 体操垫、跨栏架 |
| 柔韧性练习 | 左右竖叉30秒 | 膝盖伸直 | 2组,<br>间歇30秒 | 10分钟 | — |
| 武术练习 | 双手倒立支撑:连续侧手翻3个+旋风脚;<br>长拳练习 | 手臂伸直,起跳后动作全身肌肉绷紧,长拳上肢发力均匀 | 2组,<br>间歇30秒 | 10分钟 | — |
| 武术游戏 | 摇臂躲闪+左右直拳;<br>连续前进后退步 | 散打技术实战中注意带好护具,动作要协调连贯发力 | 2组,<br>间歇30秒 | 30分钟 | 厚体操垫 |
| 武术游戏 | 反应实战:分成A、B两组,A组直直摆+B组防守摇臂后直反击;<br>散打技术实战 | 散打技术实战中注意带好护具,动作要协调连贯发力 | 2组,<br>间歇30秒 | 30分钟 | 厚体操垫 |

(十四)幼儿武术课程第53~54课时

**基本动作**:核心力量、上肢力量、腾空

**武术发展**:散打组合、长拳组合

**运动文化**:体育竞赛中对挫折,不放弃目标

| 课程环节 | 训练内容 | 动作要领 | 次,组间歇 | 时长 | 器材 |
|---|---|---|---|---|---|
| 专项体能 | 耐力接力赛3趟;<br>抱头蹲起10个+冲刺+跳起拍手5次;<br>助跑蹲起跳;<br>侧手翻助跑垫步;<br>助跑抱膝跳;<br>无影脚 | 上下肢协调发力,膝盖注意缓冲,脚踝注意缓冲 | 2组,<br>间歇30秒 | 10分钟 | 体操垫、跨栏架 |
| 柔韧性练习 | 左右竖叉30秒 | 膝盖伸直 | 2组,<br>间歇30秒 | 10分钟 | — |
| 武术练习 | 双手倒立支撑;<br>连续侧手翻3个+旋风脚;<br>长拳练习 | 手臂伸直,起跳后动作全身肌肉绷紧,长拳上肢发力均匀 | 2组,<br>间歇30秒 | 10分钟 | |
| 武术游戏 | 摇臂躲闪+左右直拳;<br>连续前进后退步;<br>反应实战:分成A、B两组,A组直直摆+B组防守摇臂后直反击;<br>散打技术实战 | 散打技术实战中注意带好护具,动作要协调连贯发力 | 2组,<br>间歇30秒 | 30分钟 | 厚体操垫 |

(十五)幼儿武术课程第55~56课时

**基本动作:**伸展、翻滚、推撑、蹬踢

**武术发展:**散打组合、长拳组合

**运动文化:**面对挫折,不放弃目标

| 课程环节 | 训练内容 | 动作要领 | 次,组间歇 | 时长 | 器材 |
|---|---|---|---|---|---|
| 专项准备活动 | 高抬腿3趟;<br>助跑蹲起纵跳2趟;<br>提膝冲拳2趟;<br>散打前进步2趟;<br>前滚翻;<br>侧手翻之后倒立 | 上下肢协调发力,膝盖注意缓冲,脚踝注意缓冲 | 2组,<br>间歇30秒 | 10分钟 | 体操垫、跨栏架 |

续表

| 课程环节 | 训练内容 | 动作要领 | 次,组间歇 | 时长 | 器材 |
|---|---|---|---|---|---|
| 武术练习 | 扶墙正踢腿,左右腿10次;<br>开步冲拳10次;<br>步冲拳10次 | 膝盖伸直 | 2组,<br>间歇30秒 | 20分钟 | — |
| | 散打:前后直拳(单击)20次;<br>直拳打靶(手靶/墙);<br>直拳二连击;<br>直拳格挡;<br>直拳条件反应实战:分成A、B两组,A组进攻,B组防守;<br>规则实战 | 散打技术实战中注意带好护具,动作要协调连贯发力 | 2组,<br>间歇30秒 | 20分钟 | 手把、手套、海绵棒 |
| | 冲刺往返跑3趟;<br>仰卧起坐20次;<br>空手跳绳1分钟(100个);<br>放松肌肉 | 脚步轻盈 | 2组,<br>间歇30秒 | 10分钟 | — |

(十六)幼儿武术第57~58课时

**基本动作**:伸展、翻滚、推撑、蹬踢

**武术发展**:散打组合、长拳组合

**运动文化**:面对挫折,不放弃目标

| 课程环节 | 训练内容 | 动作要领 | 次,组间歇 | 时长 | 器材 |
|---|---|---|---|---|---|
| 专项准备活动 | 高抬腿3趟;<br>助跑蹲起纵跳2趟;<br>提膝冲拳2趟;<br>散打前进步2趟;<br>前滚翻;<br>侧手翻之后倒立 | 上下肢协调发力,膝盖注意缓冲,脚踝注意缓冲 | 2组,<br>间歇30秒 | 10分钟 | 体操垫、跨栏架 |

续表

| 课程环节 | 训练内容 | 动作要领 | 次,组间歇 | 时长 | 器材 |
|---|---|---|---|---|---|
| 武术练习 | 扶墙正踢腿,左右腿10次;<br>弓步冲拳10次;<br>扑步切掌10次 | 膝盖伸直 | 2组,<br>间歇30秒 | 20分钟 | — |
| | 前后直拳(单击)20次;<br>直拳打靶(手靶/墙);<br>直拳二连击;<br>直拳格挡;<br>直拳条件反应实战:分成A、B两组,A组进攻,B组防守;<br>规则实战 | 散打技术实战中注意带好护具,动作要协调连贯发力 | 2组,<br>间歇30秒 | 20分钟 | 手把、手套、海绵棒 |
| | 冲刺往返跑4趟;<br>仰卧起坐25次;<br>空手跳绳1分钟(100个);<br>放松肌肉 | 脚步轻盈 | 2组,<br>间歇30秒 | 10分钟 | — |

## (十七)幼儿武术课程第59~60课时

**基本动作:**上举、跑—跨、腾空、弓步—伸展

**武术发展:**散打组合、长拳组合

**运动文化:**面对挫折,不放弃目标

| 课程环节 | 训练内容 | 动作要领 | 次,组间歇 | 时长 | 器材 |
|---|---|---|---|---|---|
| 专项准备活动 | 高抬腿3趟;<br>扣腿跳2趟;<br>提膝冲拳2趟;<br>散打前进步2趟;<br>后退步2趟;<br>前滚翻;<br>侧手翻之后倒立 | 上下肢协调发力,膝盖注意缓冲,脚踝注意缓冲 | 2组,<br>间歇30秒 | 10分钟 | 体操垫、跨栏架 |

续表

| 课程环节 | 训练内容 | 动作要领 | 次,组间歇 | 时长 | 器材 |
|---|---|---|---|---|---|
| 武术练习 | 扶墙正踢腿各10次；<br>背手正踢各10次；<br>马步冲拳；<br>马步变弓步冲拳；<br>轮臂砸拳 | 摆腿摆臂,躯干控制 | 2组,<br>间歇30秒 | 20分钟 | — |
| | 前后直拳(单击/二连击)；<br>前进步直拳二连击+后退步；<br>前后直拳打靶+直格挡；<br>直拳条件反应实战：分成A、B两组,A组进攻,B防守反击；<br>正蹬腿；<br>规则实战 | 散打技术实战中注意带好护具,动作要协调连贯发力 | 2组,<br>间歇30秒 | 20分钟 | 手把、手套、海绵棒 |
| | 冲刺往返跑3趟；<br>仰卧起坐20次；<br>空手跳绳1分钟 | 鼻子吸气,嘴巴呼气 | 2组,<br>间歇30秒 | 10分钟 | — |

（十八） 幼儿武术课程第61~62课时

**基本动作**：上举、跑—跨、腾空、弓步—伸展

**武术发展**：散打组合、长拳组合

**运动文化**：面对挫折,不放弃目标

| 课程环节 | 训练内容 | 动作要领 | 次,组间歇 | 时长 | 器材 |
|---|---|---|---|---|---|
| 专项准备活动 | 助跑蹲起纵跳1趟；<br>飞脚起跳1趟；<br>背腰跳2趟；<br>连续前进步2趟；<br>连续后退步2趟；<br>平滑步2趟；<br>侧手翻之后撩腿 | 上下肢协调发力,膝盖注意缓冲,脚踝注意缓冲 | 2组,<br>间歇30秒 | 10分钟 | 体操垫、跨栏架 |

| 课程环节 | 训练内容 | 动作要领 | 次,组间歇 | 时长 | 器材 |
|---|---|---|---|---|---|
| 武术练习 | 抡臂单拍脚;<br>轮臂砸拳;<br>马步变弓步冲拳 | 肩关节发力,快速末端发力 | 2组,<br>间歇30秒 | 20分钟 | — |
| | 前进步前后直拳;<br>侧身摸膝躲闪+标准侧闪前摆拳;<br>摆拳格挡;<br>直直摆拳打靶;<br>规则实战 | 散打技术实战中注意带好护具,动作要协调连贯发力 | 2组,<br>间歇30秒 | 20分钟 | 手把、手套、海绵棒 |
| | 往返跑2趟;<br>立定跳远1趟;<br>跳绳1分钟(120个);<br>蹲起弹腿;<br>仰卧起坐;<br>放松肌肉 | 摆腿摆臂,躯干控制 | 2组,<br>间歇30秒 | 10分钟 | — |

## (十九)幼儿武术课程第63~64课时

**基本动作:** 反应灵敏+动作技能、跑—跨、腾空、静态平衡、跨+跑

**武术发展:** 散打组合、长拳组合

**运动文化:** 坚忍不拔

| 课程环节 | 训练内容 | 动作要领 | 次,组间歇 | 时长 | 器材 |
|---|---|---|---|---|---|
| 专项准备活动 | 助跑蹲起纵跳1趟;<br>助跑抱膝跳1趟;<br>飞脚起跳1趟;<br>提膝冲拳1趟;<br>背腰跳2趟;<br>连续前进步2趟;<br>连续后退步2趟;<br>平滑步2趟;<br>侧手翻之后撩腿 | 上下肢协调发力,膝盖注意缓冲,脚踝注意缓冲 | 2组,<br>间歇30秒 | 10分钟 | 体操垫、跨栏架 |
| 武术练习 | 抡臂单拍脚;<br>乌龙盘打;<br>轮臂砸拳 | 肩关节发力,快速末端发力 | 2组,<br>间歇30秒 | 20分钟 | — |

续表

| 课程环节 | 训练内容 | 动作要领 | 次,组间歇 | 时长 | 器材 |
|---|---|---|---|---|---|
| 武术练习 | 进圈前后直拳;<br>侧身摸膝躲闪+标准侧闪;<br>摆拳格挡;<br>前摆;<br>摆拳与摆拳格挡;<br>反应实战;<br>直直摆拳打靶;<br>规则实战 | 散打技术实战中注意带好护具,动作要协调连贯发力 | 2组,间歇30秒 | 20分钟 | 手把、手套、海绵棒 |
| | 往返跑2趟;<br>立定跳远1趟;<br>跳绳1分钟(120个);<br>蹲起弹腿;<br>仰卧起坐 | 摆腿摆臂,躯干控制 | 2组,间歇30秒 | 10分钟 | — |

## (二十)幼儿武术课程第65~66课时

**基本动作:** 反应速度+移动技能、静态平衡、跨+跑

**武术发展:** 散打组合、长拳组合

**运动文化:** 胜不骄败不馁

| 课程环节 | 训练内容 | 动作要领 | 次,组间歇 | 时长 | 器材 |
|---|---|---|---|---|---|
| 专项准备活动 | 提膝冲拳1趟;<br>背腰跳1趟;<br>左右腾空击脚2趟;<br>旋风脚跳;<br>花式拍脚(内外拍脚);<br>连续前进步2趟;<br>连续后退步2趟;<br>平移步2趟;<br>侧手翻(加强) | 上下肢协调发力,膝盖注意缓冲,脚踝注意缓冲 | 2组,间歇30秒 | 10分钟 | 体操垫、跨栏架 |
| 武术练习 | 抡臂单拍脚;<br>翻腰拍地;<br>弓步顶肘 | 肩关节发力,快速末端发力 | 2组,间歇30秒 | 20分钟 | — |

续表

| 课程环节 | 训练内容 | 动作要领 | 次,组间歇 | 时长 | 器材 |
|---|---|---|---|---|---|
| 武术练习 | 鞭腿；<br>鞭腿踢靶；<br>中级反击训练：分成A、B两组，A组前直+后鞭，B组反击前直+后鞭腿法实战 | 散打技术实战中注意带好护具，动作要协调连贯发力 | 2组，间歇30秒 | 20分钟 | 手把、手套、海绵棒 |
| | 往返跑2趟；<br>立定跳远1趟；<br>跳绳1分钟(120个)；<br>蹲起弹腿；<br>仰卧起坐；<br>放松肌肉 | 摆腿摆臂，躯干控制 | 2组，间歇30秒 | 10分钟 | — |

## (二十一)幼儿武术课程第67~68课时

**基本动作：**转体+跑、跑—跨、腾空、静态平衡、跨+跑

**武术发展：**散打组合、长拳组合

**运动文化：**抗打击能力

| 课程环节 | 训练内容 | 动作要领 | 次,组间歇 | 时长 | 器材 |
|---|---|---|---|---|---|
| 专项准备活动 | 前弹腿无影脚1趟；<br>后滚翻1趟；<br>单马跳2趟；<br>双飞脚劈叉1趟；<br>旋风脚跳1趟；<br>花式拍脚(内外拍脚)；<br>前后左右滑步2趟；<br>连续侧手翻 | 上下肢协调发力，膝盖注意缓冲，脚踝注意缓冲 | 2组，间歇30秒 | 10分钟 | 体操垫、跨栏架 |
| 武术练习 | 轮臂单拍脚+拍地；<br>轮臂按掌；<br>弓步三冲拳 | 肩关节发力，快速末端发力 | 2组，间歇30秒 | 20分钟 | — |

续表

| 课程环节 | 训练内容 | 动作要领 | 次,组间歇 | 时长 | 器材 |
|---|---|---|---|---|---|
| 武术练习 | 直直摆+鞭腿打靶；<br>分组练习散打：分成A、B两组，A组做左右直拳，B组防守，A组做前摆，B组摇臂躲闪加后直拳；<br>规则实战 | 散打技术实战中注意带好护具，动作要协调连贯发力 | 2组，间歇30秒 | 20分钟 | 手把、手套、海绵棒 |
| | 往返跑2趟；<br>立定跳远1趟；<br>跳绳1分钟(120个)；<br>蹲起弹腿；<br>仰卧起坐；<br>放松肌肉 | 摆腿摆臂，躯干控制 | 2组，间歇30秒 | 10分钟 | — |

## (二十二)幼儿武术第69~70课时

**基本动作：**转体—跑、跑—跨、腾空、静态平衡、爬—半蹲跑

**武术发展：**散打组合、长拳组合

**运动文化：**抗打击能力

| 课程环节 | 训练内容 | 动作要领 | 次,组间歇 | 时长 | 器材 |
|---|---|---|---|---|---|
| 专项准备活动 | 前弹腿—无影脚1趟；<br>后滚翻1趟；<br>旋风脚跳1趟；<br>花式拍脚(内外拍脚)；<br>前后左右滑步2趟；<br>连续侧手翻 | 上下肢协调发力，膝盖注意缓冲，脚踝注意缓冲 | 2组，间歇30秒 | 10分钟 | 垫子、跨栏架 |
| 武术练习 | 抡臂单拍脚；<br>翻腰拍地；<br>弓步顶肘 | 肩关节发力，快速末端发力 | 2组，间歇30秒 | 20分钟 | — |

续表

| 课程环节 | 训练内容 | 动作要领 | 次,组间歇 | 时长 | 器材 |
|---|---|---|---|---|---|
| 武术练习 | 左直拳右直左摆拳(直直摆)—鞭腿,打靶;<br>前直拳—后鞭腿,模拟实战;<br>散打—拳腿,规则实战 | 散打对抗游戏中注意带好护具,散打动作协调连贯发力 | 2组,间歇30秒 | 20分钟 | 手把、手套、海绵棒 |
| | 往返跑2趟;<br>立定跳远1趟;<br>跳绳一分钟(120个);<br>蹲起弹腿;<br>仰卧起坐;<br>放松肌肉 | 摆腿摆臂,躯干控制 | 2组,间歇30秒 | 10分钟 | — |

### (二十三)幼儿武术课程第71~72课时

**基本动作**:转体+跑、跑—跨、腾空、静态平衡、爬+半蹲跑

**武术发展**:散打组合、长拳组合

**运动文化**:尊重对手,学会帮助他人

| 课程环节 | 训练内容 | 动作要领 | 次,组间歇 | 时长 | 器材 |
|---|---|---|---|---|---|
| 专项准备活动 | 前弹腿无影脚1趟;<br>后滚翻1趟;<br>单马跳2趟;<br>双飞脚劈叉1趟;<br>旋风脚跳1趟;<br>花式拍脚(内外拍脚);<br>前后左右滑步2趟;<br>连续侧手翻 | 上下肢协调发力,膝盖注意缓冲,脚踝注意缓冲 | 2组,间歇30秒 | 10分钟 | 体操垫、跨栏架 |
| 武术练习 | 轮臂单拍脚+拍地;<br>轮臂按掌;<br>弓步三冲拳 | 身体保持平衡,脚踝、膝盖绷直 | 2组,间歇30秒 | 20分钟 | — |

续表

| 课程环节 | 训练内容 | 动作要领 | 次,组间歇 | 时长 | 器材 |
|---|---|---|---|---|---|
| 武术练习 | 勾拳；<br>直勾摆+鞭腿打靶；<br>分组练习散打：分成A、B两组,A组做左右直拳,B组防守,A组做前摆,B组摇臂躲闪加后直拳；<br>规则实战 | 手臂鞭打放松,腰腹肌核心保持平衡 | 2组,<br>间歇30秒 | 20分钟 | 手把、手套、海绵棒 |
|  | 往返跑2趟；<br>立定跳远1趟；<br>跳绳1分钟(120个)；<br>蹲起弹腿；<br>仰卧起坐；<br>放松肌肉 | 鼻子吸气,嘴巴呼气 | 2组,<br>间歇30秒 | 10分钟 | — |

(二十四)幼儿武术课程(武林圣侠)第73~74课时

**基本动作:** 转体+跑、钻+跑、转体+滚、静态平衡、爬+半蹲跑
**武术发展:** 散打组合、长拳组合
**运动文化:** 胜不骄败不馁

| 课程环节 | 训练内容 | 动作要领 | 次,组间歇 | 时长 | 器材 |
|---|---|---|---|---|---|
| 专项准备活动 | 前弹腿无影脚1趟；<br>后滚翻1趟；<br>单马跳2趟；<br>双飞脚劈叉1趟；<br>旋风脚跳1趟；<br>花式拍脚(内外拍脚)；<br>前后左右滑步2趟；<br>连续侧手翻 | 上下肢协调发力,膝盖注意缓冲,脚踝注意缓冲 | 2组,<br>间歇30秒 | 10分钟 | 体操垫、跨栏架 |
| 武术练习 | 轮臂单拍脚+拍地；<br>轮臂按掌；<br>弓步三冲拳 | 身体保持平衡,脚踝、膝盖绷直 | 2组,<br>间歇30秒 | 20分钟 | — |

| 课程环节 | 训练内容 | 动作要领 | 次,组间歇 | 时长 | 器材 |
|---|---|---|---|---|---|
| 武术练习 | 直直摆+鞭腿打靶；<br>分组练习散打：分成A、B两组，A组做左右直拳，B组防守，A组做前摆，B组摇臂躲闪加后直拳；<br>规则实战 | 手臂鞭打放松,腰腹肌核心保持平衡 | 2组,<br>间歇30秒 | 20分钟 | 手把、手套、海绵棒 |
| | 往返跑2趟；<br>立定跳远1趟；<br>跳绳1分钟(120个)；<br>蹲起弹腿；<br>仰卧起坐；<br>放松肌肉 | 鼻子吸气,嘴巴呼气 | 2组,<br>间歇30秒 | 10分钟 | — |

### (二十五)幼儿武术课程(武林贤君)第75~76课时

**基本动作：** 俯身跑+搬抬重物、钻+跑+转体+滚、静态平衡、爬+半蹲跑

**武术发展：** 散打组合、长拳组合

**运动文化：** 持之以恒

| 课程环节 | 训练内容 | 动作要领 | 次,组间歇 | 时长 | 器材 |
|---|---|---|---|---|---|
| 专项准备活动 | 前弹腿无影脚1趟；<br>神龙摆尾1趟；<br>单马跳2趟；<br>双飞脚劈叉；<br>二起脚1趟；<br>交叉步；<br>拦截步2趟；<br>助跑侧手翻 | 脚踝、膝盖发力 | 2组,<br>间歇30秒 | 10分钟 | 体操垫、跨栏架 |
| 武术练习 | 轮臂单拍脚+拍地；<br>轮臂按掌；<br>弓步三冲拳；<br>大跃步前穿；<br>弓步冲拳 | 身体保持平衡,脚踝、膝盖绷直 | 2组,<br>间歇30秒 | 20分钟 | — |

续表

| 课程环节 | 训练内容 | 动作要领 | 次,组间歇 | 时长 | 器材 |
|---|---|---|---|---|---|
| 武术练习 | 勾拳；<br>直勾摆+鞭腿打靶正蹬+自由靶；<br>分组练习散打：分成A、B两组，A组做左右直拳，B组防守，A组前摆，B组摇臂躲闪加后直拳；<br>规则实战 | 手臂鞭打放松,腰腹肌核心保持平衡 | 2组,间歇30秒 | 20分钟 | 手把、手套、海绵棒 |
| | 往返跑2趟；<br>立定跳远1趟；<br>跳绳1分钟(120个)；<br>蹲起弹腿；<br>仰卧起坐；<br>放松肌肉 | 鼻子吸气,嘴巴呼气,身体保持平衡,脚踝、膝盖绷直 | 2组,间歇30秒 | 10分钟 | — |

(二十六)幼儿武术课程(玄武侠士)第77~78课时

**基本动作**：俯身跑+搬抬重物、钻+跑+转体+滚、静态平衡、爬+半蹲跑

**武术发展**：散打组合、长拳组合

**运动文化**：坚持不懈

| 课程环节 | 训练内容 | 动作要领 | 次,组间歇 | 时长 | 器材 |
|---|---|---|---|---|---|
| 专项准备活动 | 击步跳1；<br>神龙摆尾1；<br>单马跳2趟；<br>双飞脚劈叉1趟；<br>二起脚1；<br>交叉步；<br>拦截步2趟；<br>助跑侧手翻 | 脚踝、膝盖发力,落地脚踝膝盖缓冲 | 2组,间歇30秒 | 10分钟 | 体操垫、跨栏架 |
| 武术练习 | 轮臂单拍脚+拍地；<br>轮臂按掌；<br>弓步三冲拳；<br>大跃步前穿；<br>弓步冲拳 | 身体保持平衡,脚踝、膝盖绷直 | 2组,间歇30秒 | 20分钟 | — |

续表

| 课程环节 | 训练内容 | 动作要领 | 次,组间歇 | 时长 | 器材 |
|---|---|---|---|---|---|
| 武术练习 | 前直拳+后鞭腿打靶；自由组合打靶；分组练习散打：分成A、B两组，A组做后直+前摆，B组摇避躲闪后直前摆+后鞭，A组反击后鞭；规则实战 | 膝盖微曲,手臂鞭打放松,腰腹肌核心保持平衡 | 2组,间歇30秒 | 20分钟 | 手把、手套、海绵棒 |
| | 往返跑2趟；立定跳远1趟；跳绳1分钟(120个)；蹲起弹腿；仰卧起坐；放松肌肉 | 鼻子吸气,嘴巴呼气,腰腹收紧,躯干保持平衡 | 2组,间歇30秒 | 10分钟 | — |

## (二十七)幼儿武术课程(玄武大侠)第79~80课时

**基本动作**:俯身跑+搬抬重物、钻+跑+转体+滚、静态平衡、爬+半蹲跑

**武术发展**:散打组合、长拳组合

**运动文化**:尊重对手、学会帮助他人

| 课程环节 | 训练内容 | 动作要领 | 次,组间歇 | 时长 | 器材 |
|---|---|---|---|---|---|
| 专项准备活动 | 前弹腿无影脚1趟；神龙摆尾1趟；单马跳2趟；双飞脚劈叉1趟；二起脚1趟；交叉步；拦截步2趟；侧空翻 | 身体保持平衡,脚踝、膝盖绷直 | 2组,间歇30秒 | 10分钟 | 体操垫、跨栏架 |
| 武术练习 | 架掌外摆腿；乌龙盘打；轮臂砸拳；砍掌收势 | 手臂鞭打放松,腰腹肌核心保持平衡 | 2组,间歇30秒 | 20分钟 | — |

续表

| 课程环节 | 训练内容 | 动作要领 | 次,组间歇 | 时长 | 器材 |
|---|---|---|---|---|---|
| 武术练习 | 前直拳+后鞭腿打靶;<br>自由组合打靶;<br>分组练习散打:分成A、B两组,A组做后直+前摆,B组摇避躲闪+后直前摆+后鞭,A组反击后鞭;<br>规则实战 | 鼻子吸气,嘴巴呼气 | 2组,<br>间歇30秒 | 20分钟 | 手把、手套、海绵棒 |
|  | 往返跑2趟;<br>立定跳远1趟;<br>跳绳1分钟(120个);<br>蹲起弹腿;<br>仰卧起坐;<br>放松肌肉 | 身体保持平衡,脚踝、膝盖绷直 | 2组,<br>间歇30秒 | 10分钟 | — |

(二十八)幼儿武术课程(玄武大侠)第81~82课时

**基本动作**:俯身跑+搬抬重物、钻+跑+转体+滚、静态平衡、爬+半蹲跑

**武术发展**:散打组合、长拳组合

**运动文化**:尊重对手、学会帮助他人

| 课程环节 | 训练内容 | 动作要领 | 次,组间歇 | 时长 | 器材 |
|---|---|---|---|---|---|
| 专项准备活动 | 前弹腿无影脚1趟;<br>神龙摆尾1趟;<br>单马跳2趟;<br>双飞脚劈叉1趟;<br>二起脚1;<br>交叉步;<br>拦截步2趟;<br>侧空翻 | 脚踝、膝盖发力,落地脚踝膝盖缓冲 | 2组,<br>间歇30秒 | 10分钟 | 体操垫、跨栏架 |
| 武术练习 | 架掌外摆腿;<br>乌龙盘打;<br>轮臂砸拳;<br>砍掌收势 | 身体保持平衡,脚踝、膝盖绷直 | 2组,<br>间歇30秒 | 20分钟 | — |

续表

| 课程环节 | 训练内容 | 动作要领 | 次,组间歇 | 时长 | 器材 |
|---|---|---|---|---|---|
| 武术练习 | 前直拳+后鞭腿打靶；<br>自由组合打靶；<br>分组练习散打：分成A、B两组，A组做后直+前摆，A组摇避躲闪+后直前摆+后鞭，A组反击后鞭；<br>拳腿规则实战 | 膝盖微曲，手臂鞭打放松，腰腹肌核心保持平衡 | 2组，<br>间歇30秒 | 20分钟 | 手把、手套、海绵棒 |
| | 往返跑2趟；<br>立定跳远1趟；<br>跳绳1分钟(120个)；<br>蹲起弹腿；<br>仰卧起坐；<br>放松肌肉 | 鼻子吸气，嘴巴呼气，腰腹收紧，躯干保持平衡 | 2组，<br>间歇30秒 | 10分钟 | — |

## 第四节 课后辅助训练参考

【训练1】

1. 马步冲拳20次。

2. 散打：左脚在前右脚在后，前后直拳（左右直拳），空挥击20次。

3. A．晒鱼干：倒立支撑20秒。方法：脚在沙发上，手撑地面，肩、臀、膝盖在一条直线上。

B．挖土豆：坐位体前屈，头贴膝盖20秒。

4. 高抬腿摆臂练习30次，2组；连续向上双脚10次跳，2组。

5. 抱拳礼：右手拳、左手掌，每天晚上临睡前讲："爸爸妈妈辛苦了晚安。"

【训练2】

1. 马步冲拳20次、推掌20次、弓步冲拳20次、推掌20次。

2. 散打：左脚在前右脚在后，前后直拳（左右直拳），空挥击20个。

3. A．晒鱼干：倒立支撑20秒，方法：脚在沙发上，手撑地面，肩、臀、膝盖在一条直线上。

B．挖土豆：坐位体前屈，头触小腿坚持20秒，2组。

C．天黑天亮小游戏：仰卧起坐10次，2组（高难度版本可以抱肩、低难度可以抓自己裤子完成）。

4．每天在家或者室外青蛙跳10次。

5．每日临睡前抱拳礼讲出："站如松、坐如钟、行如风、卧如弓，爸爸妈妈辛苦了。"

【训练3】

1．左右换腿向上踢腿10次，2组。

2．散打：A．练习前进步后退步：向前5步+向后5步，3组。

　　　　　B．每天左右直拳+躲闪+正蹬组合动作，3组。

3．A．看星星：背肌练习10次。

　B．横叉捞鱼：坐姿双腿呈横叉状，双手、头尽量触地坚持20秒。

　C．天黑天亮小游戏：仰卧起坐每天10次，2组（高难度版本可以抱肩、低难度可以抓自己裤子完成）。

　D．晒鱼干：倒立支撑25秒。方法：脚在沙发上，手撑地面，肩、臀、膝盖在一条直线上。

4．立定跳远10次。

5．临睡前抱拳礼讲出："站如松、坐如钟、行如风、卧如弓、尊敬师长、孝顺父母，爸爸妈妈辛苦了。"

【训练4】

1．左右扶墙过头正踢腿10次，2组。

2．散打：A．练习前进步后退步：向前5步+左右直拳右摆拳+躲闪+正蹬。

　　　　　B．组合动作：左右直拳+躲闪+正蹬，3组。

3．A．看星星背肌练习10次。

　B．横叉捞鱼：座姿双腿呈横叉状，双手、头尽量触地坚持20秒。

　C．天黑天亮小游戏：仰卧起坐每天10次，2组（高难度版本可以抱肩、低难度可以抓自己裤子完成）。

　D．晒鱼干：倒立支撑25秒。方法：脚在沙发上，手撑地面，肩、臀、膝盖在一条直线上。

4．立定跳远10次+开合跳10次。

5. 临睡前抱拳礼讲出："站如松、坐如钟、行如风、卧如弓、尊敬师长、孝顺父母,武以强身、德以服人,爸爸妈妈辛苦了。"

【训练5】

1. 左右扶墙后撩腿10次,扶墙正踢左右腿10次,2组。

2. A. 练习前进步后退步向前5步+左右直拳右摆拳+后退步+躲闪+正蹬。

   B. 每天左右直拳+躲闪+正蹬组合动作,3组。

3. A. 看星星背肌练习15次。

   B. 横叉捞鱼:坐姿双腿呈横叉状,双手、头尽量触地坚持25秒。

   C. 天黑天亮小游戏:仰卧起坐每天15次,2组(高难度版本可以抱肩、低难度可以抓自己裤子完成)。

   D. 晒鱼干:倒立支撑30秒,方法:脚在沙发上,手撑地面,肩、臀、膝盖在一条直线上。

4. 立定跳远10次+开合跳10次。

5. 临睡前抱拳礼讲出："站如松、坐如钟、行如风、卧如弓、尊敬师长、孝顺父母,武以强身、德以服人,爸爸妈妈辛苦了。"

【训练6】

1. 扶地向上撩腿,左右腿各15次。

2. 散打:A. 正踢腿10次,2组,扶墙侧踢腿15次。

   B. 照镜子精气神动作快速定型完成少林拳,3组。

3. A. 看星星背肌练习15次。

   B. 横叉捞鱼:坐姿双腿呈横叉状,双手、头尽量触地坚持25秒。

   C. 天黑天亮小游戏:仰卧起坐每天15次,2组(高难度版本可以抱肩、低难度可以抓自己裤子完成)。

   D. 晒鱼干:倒立支撑30秒,方法:脚在沙发上,手撑地面,肩、臀、膝盖在一条直线上。

4. 高抬腿10次+开合跳10次。

5. 临睡前抱拳礼讲出："站如松、坐如钟、行如风、卧如弓、尊敬师长、孝顺父母,武以强身、德以服人,爸爸妈妈辛苦了。"

【训练7】

1. 扶地向上撩腿,左右腿各15次;过头正踢腿10次,2组;扶墙过头侧踢腿15次。
2. 散打:A. 前进步5~6步+前摆后直+后退步5~6步+双脚正蹬。
   B. 向左平移步摇避左右直拳+向右平移步摇避左右直拳。
3. A. 坐姿扳腿(抬腿钓鱼)30秒。
   B. 双手打开侧平举;横叉。
   C. 初级竖叉(可以离地20~30公分)。
   D. 羊肉串:单手倒立支撑,左右手各5秒。
4. 跪卧撑10次+开合跳10次。
5. 临睡前抱拳礼讲出:"站如松、坐如钟、行如风、卧如弓、尊敬师长、孝顺父母,武以强身、德以服人,诚实守信、谦和礼貌,爸爸妈妈辛苦了。"

【训练8】

1. 抱头蹲起20次;马步冲拳20次;马步推掌20次(膝盖不超过脚尖)。
2. A. 前进步+躲闪+左右直拳正蹬+后退步+躲闪+左右直拳正蹬。
   B. 向左平移步摇避左右直拳+向右平移步摇避左右直拳。
3. A. 横叉、竖叉,各30秒。
   B. 初级侧扳腿(脚尖到腰),30秒。
   C. 羊肉串:单手倒立支撑,左右手各10秒。
4. 击掌开合跳10次。
5. 临睡前抱拳礼讲出:"站如松、坐如钟、行如风、卧如弓、尊敬师长、孝顺父母,武以强身、德以服人、诚实守信、谦和礼貌,勤学苦练、意志坚强,爸爸妈妈辛苦了。"

【训练9】

1. 简易波比(不加跳)10个;马步冲拳推掌20次;马步推掌推掌20次(膝盖不超过脚尖)。
2. 散打:A. 前进步+后退步+向左平移+向右平移。
   B. 快速躲闪+平移步+前后直拳摆拳正蹬。
   C. 快速摇避+前进步+前后直拳摆拳正蹬。
3. A. 横叉、竖叉,各30秒。

B．中级侧扳腿（脚尖到肩）30秒。

C．羊肉串：单手脚过肩倒立支撑，左右手各10秒。

4．跪卧撑10次+平板支撑30秒。

5．临睡前抱拳礼讲出："站如松、坐如钟、行如风、卧如弓、尊敬师长、孝顺父母，武以强身、德以服人、诚实守信、谦和礼貌，勤学苦练、意志坚强，爸爸妈妈辛苦了。"

【训练10】

1．扶墙提膝翻跨10次；匕首术12个动作，对照拳法练习，3组。

2．散打：A．快速躲闪++环绕步+前后直拳摆拳正蹬。

B．快速摇避+环绕步+前后直拳摆拳正蹬。

3．A．横叉、竖叉、倒立，各40秒。

B．高级侧扳腿（脚尖到头）30秒。

4．初级波比10次+开合跳10次。

5．临睡前抱拳礼讲出："站如松、坐如钟、行如风、卧如弓、尊敬师长、孝顺父母，武以强身、德以服人、诚实守信、谦和礼貌，勤学苦练、意志坚强、遵规守纪、自律自强，爸爸妈妈辛苦了。"

【训练11】

1．提膝+踹腿10个。

2．散打：A．快速躲闪+环绕步+前后直拳摆拳侧踹。

B．快速摇避+环绕步+前后直拳摆拳侧踹。

3．A．横叉、竖叉、倒立，各50~60秒。

B．高级侧扳腿（脚尖到头）30秒。

4．跪卧撑10次+初级（不加跳）波比10次。

5．临睡前抱拳礼讲出："站如松、坐如钟、行如风、卧如弓、尊敬师长、孝顺父母，武以强身、德以服人、诚实守信、谦和礼貌，勤学苦练、意志坚强、遵规守纪、自律自强，爸爸妈妈辛苦了。"

【训练12】

1．扶墙踹腿10个。

2．散打：A．环绕步+前后直拳+环绕步摆拳正蹬。

　　　　B．环绕步+摇避+环绕步+前后直拳摆拳侧踹。

3．A．横叉、竖叉（不扶地），各50~60秒。

　　B．高级侧扳腿（脚尖到头）30秒。

4．跪卧撑10次+初级（不加跳）波比10次+开合跳10次。

5．临睡前抱拳礼讲出："站如松、坐如钟、行如风、卧如弓、尊敬师长、孝顺父母，武以强身、德以服人、诚实守信、谦和礼貌，勤学苦练、意志坚强、遵规守纪、自律自强、弘扬国粹、传承文化，爸爸妈妈辛苦了。"

【训练13】

1．不扶墙踹腿10个；高质量完成匕首完整动作，轮臂砸拳20次，3组。

2．散打：A．前后直拳二连击20次，3组。

　　　　B．正蹬腿20次，左右腿轮换，3组。

3．A．横叉、竖叉（不扶地），各50~60秒。

　　B．高级侧扳腿（脚尖到头）30秒。

4．空手跳绳100次+初级（不加跳起）波比10次+开合跳10次。

5．临睡前抱拳礼讲出："站如松、坐如钟、行如风、卧如弓、尊敬师长、孝顺父母，武以强身、德以服人、诚实守信、谦和礼貌，勤学苦练、意志坚强、遵规守纪、自律自强、弘扬国粹、传承文化，爸爸妈妈辛苦了。"

【训练14】

1．立定跳远10个；高质量完成匕首完整动作，3遍/轮臂单拍脚20次；轮臂砸拳20次。

2．散打：A．前（左）摆拳20次，3组。

　　　　B．左右直拳+摆拳（左），10组。

　　　　C．侧身摸膝躲闪10个。

3．A．横叉、竖叉（不扶地），各50~60秒。

　　B．高级侧扳腿（脚尖到头）30秒。

4．空手跳绳120次+蹲起弹腿10次+仰卧起坐10次。

5．临睡前抱拳礼讲出："站如松、坐如钟、行如风、卧如弓、尊敬师长、孝顺父母，武以强身、德以服人、诚实守信、谦和礼貌、勤学苦练、意志坚强、遵规守纪、自律自强、弘扬国粹、传承文化,爸爸妈妈辛苦了。"

【训练15】

1. 立定跳远10个;高质量完成匕首完整动作,3遍/连环拳动作,3遍/轮臂单拍脚20次、轮臂砸拳20次、乌龙盘打10个。

2. 散打:A. 前(左)摆拳20次3组。

　　　　B. 左右直拳+摆拳(左)10组。

　　　　C. 侧身摸膝躲闪10个。

3. A. 横叉、竖叉(不扶地),各50~60秒。

　　B. 高级侧扳腿(脚尖到头)。

4. 空手跳绳120次+蹲起弹腿15次+仰卧起坐20次。

5. 临睡前抱拳礼讲出:"站如松、坐如钟、行如风、卧如弓、尊敬师长、孝顺父母,武以强身、德以服人、诚实守信、谦和礼貌、勤学苦练、意志坚强、遵规守纪、自律自强、弘扬国粹、传承文化,爸爸妈妈辛苦了。"

【训练16】

1. 立定跳远15个;高质量完成匕首完整动作,3遍/连环拳动作,3遍/轮臂单拍脚20次、轮臂砸拳20次、乌龙盘打10个、翻腰拍地10个。

2. 散打:A. 右腿鞭腿20次(提膝翻胯弹踢),2组。

　　　　B. 左右直拳+摆拳(左),10组。

　　　　C. 侧身摸膝躲闪10个。

3. A. 横叉、竖叉(不扶地),各50~60秒。

　　B. 高级侧扳腿(脚尖到头)。

4. 空手跳绳120次+蹲起左右弹腿15次+仰卧起坐20次。

5. 临睡前抱拳礼讲出:"站如松、坐如钟、行如风、卧如弓、尊敬师长、孝顺父母,武以强身、德以服人、诚实守信、谦和礼貌、勤学苦练、意志坚强、遵规守纪、自律自强、弘扬国粹、传承文化,爸爸妈妈辛苦了。"

【训练17】

1. 高质量完成匕首完整动作;连环拳动作,3组;轮臂单拍脚20次、轮臂砸拳20次、乌龙盘打10个、翻腰拍地10个、弓步顶肘10个,3组。

2. 散打:A. 前(左)直拳后鞭腿组合20次(提膝翻胯弹踢),2组。

        B. 后(右)直拳前摆拳组合20次,2组。

        C. 前进步后退步每日5个来回。

3. A. 横叉、竖叉(不扶地),各50~60秒。

   B. 高级侧扳腿(脚尖到头)。

4. 1分钟跳绳100次+蹲起左右弹腿15次+仰卧起坐20次。

5. 临睡前抱拳礼讲出:"站如松、坐如钟、行如风、卧如弓、尊敬师长、孝顺父母,武以强身、德以服人、诚实守信、谦和礼貌,勤学苦练、意志坚强、遵规守纪、自律自强、弘扬国粹、传承文化,爸爸妈妈辛苦了。"

【训练18】

1. 高质量完成匕首完整动作;连环拳动作,3组。轮臂单拍脚20次、轮臂砸拳20次、乌龙盘打10个、翻腰拍地10个、弓步顶肘10个,3组。

2. 散打:A. 直直摆组合20次(提膝翻胯弹踢),2组。

        B. 前直拳+后鞭腿组合20次,2组。

        C. 左右滑步5个来回。

3. A. 横叉、竖叉(不扶地),各50~60秒。

   B. 高级侧扳腿(脚尖到头)。

4. 1分钟跳绳110次+蹲起左右弹腿20次+仰卧起坐25次。

5. 临睡前抱拳礼讲出:"站如松、坐如钟、行如风、卧如弓、尊敬师长、孝顺父母,武以强身、德以服人、诚实守信、谦和礼貌,勤学苦练、意志坚强、遵规守纪、自律自强、弘扬国粹、传承文化,爸爸妈妈辛苦了。"

【训练19】

1. 高质量完成匕首完整动作;连环拳动作,3组。

2. 散打:. A. 直直摆组合20次(提膝翻胯弹踢),2组。

       B 前直拳+后鞭腿组合20次,2组。

C．左右滑步5个来回。

D．环绕步5个来回。

3．A．横叉、竖叉(不扶地)，各50~60秒。

B．高级侧扳腿(脚尖到头)。

4．1分钟跳绳120次+蹲起左右弹腿20次+仰卧起坐25次。

5．临睡前抱拳礼讲出："站如松、坐如钟、行如风、卧如弓、尊敬师长、孝顺父母，武以强身、德以服人、诚实守信、谦和礼貌，勤学苦练、意志坚强、遵规守纪、自律自强、弘扬国粹、传承文化，爸爸妈妈辛苦了。"

【训练20】

1．高质量完成匕首完整动作；连环拳动作，3组；自选组合1+2，3组。

2．散打：A．孩子左右直拳，家长防守。

B．孩子前摆，家长摇臂躲闪加后直拳。

C．左右滑步5个来回。

D．环绕步5个来回。

3．A．横叉、竖叉，各50秒。

B．高级侧扳腿(脚尖到头)。

4．1分钟跳绳120次+蹲起左右弹腿20次+仰卧起坐25次。

5．临睡前抱拳礼讲出："站如松、坐如钟、行如风、卧如弓、尊敬师长、孝顺父母，武以强身、德以服人、诚实守信、谦和礼貌，勤学苦练、意志坚强、遵规守纪、自律自强、弘扬国粹、传承文化，爸爸妈妈辛苦了。"

【训练21】

1．高质量完成匕首完整动作；连环拳动作，3组，自选组合3，3组。

2．散打：A．直勾摆＋鞭腿打靶正蹬，15组。

B．左右滑步每日5个来回。

C．环绕步每天5个来回。

3．A．横叉、竖叉，各60秒。

B．高级侧扳腿(脚尖到头)。

4．1分钟跳绳120次+背肌(抬头看星星)20次+仰卧起坐25次。

5．临睡前抱拳礼讲出："站如松、坐如钟、行如风、卧如弓、尊敬师长、孝顺父母,武以强身、德以服人、诚实守信、谦和礼貌,勤学苦练、意志坚强、遵规守纪、自律自强、弘扬国粹、传承文化,爸爸妈妈辛苦了。"

【训练22】

1．高质量完成匕首完整动作;连环拳动作,3组;自选组合3,3组。

2．散打：A．高质量三连击直勾摆＋鞭腿打靶正蹬,20组。

B．左右滑步5个来回。

C．环绕步5个来回。

3．A．横叉、竖叉,各60秒。

B．高级侧扳腿(脚尖到头)。

4．1分钟跳绳120次+背肌(抬头看星星)20次+波比(跳卧撑)15次。

5．临睡前抱拳礼讲出："站如松、坐如钟、行如风、卧如弓、尊敬师长、孝顺父母,武以强身、德以服人、诚实守信、谦和礼貌,勤学苦练、意志坚强、遵规守纪、自律自强、弘扬国粹、传承文化,爸爸妈妈辛苦了。"

【训练23】

1．高质量完成匕首完整动作;连环拳动作,3组。

2．散打：A．高质量三连击直勾摆＋鞭腿打靶正蹬,20组。

B．左右滑步5个来回。

C．环绕步5个来回。

3．A．横叉、竖叉,各2分钟。

B．高级侧扳腿(脚尖到头)。

4．1分钟跳绳120次+背肌(抬头看星星)30次+波比(跳卧撑)15次+仰卧起坐30个。

5．临睡前抱拳礼讲出："站如松、坐如钟、行如风、卧如弓、尊敬师长、孝顺父母,武以强身、德以服人、诚实守信、谦和礼貌,勤学苦练、意志坚强、遵规守纪、自律自强、弘扬国粹、传承文化,爸爸妈妈辛苦了。"

【训练24】

1．自选组合1+2+3+4+5。

2．散打：A．高质量三连击直勾摆＋鞭腿打靶正蹬,20组。

　　　　　B．左右滑步5个来回。

　　　　　C．环绕步5个来回。

3．A．横叉、竖叉,各2分钟。

　　B．高级侧扳腿(脚尖到头)。

4．1分钟跳绳120次+背肌(抬头看星星)30次+波比(跳卧撑)15次+仰卧起坐40个。

5．临睡前抱拳礼讲出："站如松、坐如钟、行如风、卧如弓、尊敬师长、孝顺父母,武以强身、德以服人、诚实守信、谦和礼貌、勤学苦练、意志坚强、遵规守纪、自律自强、弘扬国粹、传承文化,爸爸妈妈辛苦了。"

【训练25】

1．自选组合 1+2+3+4。

2．散打：A．高质量三连击直勾摆＋鞭腿打靶正蹬,20组。

　　　　　B．左右滑步每日5个来回C环绕步每天5个来回。

3．A．横叉、竖叉,各3分钟。

　　B．高级侧扳腿(脚尖到头)。

4．1分钟跳绳120次+背肌(抬头看星星)30次+波比(跳卧撑)15次+两头起15个。

5．临睡前抱拳礼讲出："站如松、坐如钟、行如风、卧如弓、尊敬师长、孝顺父母,武以强身、德以服人、诚实守信、谦和礼貌、勤学苦练、意志坚强、遵规守纪、自律自强、弘扬国粹、传承文化,爸爸妈妈辛苦了。"

# 第六章 幼儿篮球课程

## 第一节 幼儿篮球的概念

篮球是世界上最流行的运动之一,受到各国青少年、儿童的喜爱。由于幼儿生理和心理特点与成年人的不同,篮球课程的开展方法也是与成人不同的。

20世纪50年代,美国教师杰伊·阿尔切考虑到儿童的特殊性:身高比成年人矮、手掌比成年人更小、力量比成年人更差等特点,他遵循儿童的身心发展规律,发明了为儿童量身定制的尺寸与体积都较成人篮球更轻更小的篮球,同时将篮筐高度降低,使得这项运动更适合儿童。从此,小篮球开始在美国萌芽,美国也首次组织了8~12岁儿童的小篮球比赛,之后该比赛被称为"小篮球联赛"。欧洲从20世纪60年代开始逐步开展小篮球运动。

经过50多年的发展,小篮球不断创新与变革,成为各国篮球人才成长的基础训练内容,各国都将小篮球运动作为篮球运动的启蒙。从1948年世界小篮球运动诞生开始,各国对小篮球运动的推广与普及不遗余力,中国也不例外。

2017年,在中国篮球协会主席姚明的倡导下,我国正式启动了《小篮球发展计划》和小篮球联赛的启动仪式。姚明对小篮球的定位是"变得平凡而伟大"。《小篮球规则》也在中国篮球协会的积极创新中应运而生,它借鉴了国际篮联的小篮球规则,使其更适合本土发展。同年,举办第一届中国小篮球联赛,全国掀起了小篮球运动热潮,并快速发展。[1]根据中国篮球协会颁布的《小篮球规则》,用于小篮球联赛的篮球更轻、更小,重量仅为450~500克,周长为68~70厘米,小型篮球场长22米、宽12米。小篮球运动包括对手指、手臂等多个身体部位的锻炼,篮球中的拍、搓、传、投、掷等都是运动的基础动作,小篮球是轻器械,孩子容易上手操作,同时小篮球的场地也适合幼儿锻炼速度、耐力、力量、灵敏性、协调性等身体素质。小篮球更适合幼儿的生理、心理、社会适应性的特点,专为运动启蒙时期形成正确的动作技术、动力定型而设计。

小篮球运动是一个集体项目,可以充分提高幼儿的社会适应性,对场地面积、高度的要求不高,4号小篮球可以定制多彩多色以提高幼儿对篮球的兴趣,只需要一个低篮架、一个小篮球、一个空场地,孩子们就可以组织一场比赛。这些都有利于小篮球项目的

---

[1] 洪静翔.幼儿园中班球类活动的研究与实践[J].教育导刊(下半月),2010(4):42-45.

推广。

关于小篮球对幼儿体质健康的促进效果,艾险峰等表示,开展小篮球项目不但可以促进幼儿的身心健康,而且能增强幼儿的各种身体素质。他们开展了一项为期一年三个月的幼儿篮球训练实验,结果得出开展幼儿篮球运动对增强幼儿的身体素质,培养幼儿的意志品质,激发幼儿的运动兴趣和习惯,都有显著提升。[2]❶幼儿篮球对幼儿(4~5岁)身体素质发展研究发现,幼儿篮球运动前后的幼儿体能与心理指标数据存在明显差异,6岁幼儿篮球运动练习前和12周练习后的6项体能指标、社会技能及心理弹性各维度分和总分有显著提高。其中,进行幼儿篮球运动的幼儿体质体能各项指标都有显著性提高;经过12周试验后,从反映心理的众多指标中选取情感融入、沟通交流、共情、社会技能、精神复原、律己克制、坚持不懈、心理弹性总分8项指标进行篮球运动前后的测试,各项指标都有显著性提高,尤其是社会技能总分、心理弹性总分上升幅度很大❷。

## 第二节 开设幼儿篮球课程的意义与目标

在幼儿体育教育中,篮球是一个重要的项目,可以在幼儿园内与园外进行练习。小篮球是可以让10个幼儿同场参与并获得规则意识、公平意识、竞技能力的综合运动项目。小篮球运动的传、运、投等基础技术动作对发展儿童的基础运动能力有很大帮助,不仅可以提高幼儿粗大动作能力,还可以提高精细运动能力,不仅可以提高基础动作技能,也可以提高物体控制能力。幼儿小篮球中的一些战术,如抢篮板、旋转、卡位、传切、掩护等技术动作,都可以快速提高幼儿的位移性技能。开设小篮球课程还能够让幼儿体悟竞争、团结、合作、拼搏、坚韧的良好品质。幼儿可以通过原地拍球动作发展上肢肌肉群;通过双手传接球动作加强幼儿的瞬间反应能力、感统能力、专注力和手眼协调能力;通过投篮动作可以加强空间距离预判能力及各种全身连贯动作能力。

目前,中国幼儿篮球课程中,偏成人的教学与偏游戏化的教学两极分化较为严重。本书针对幼儿篮球课程的重点,将幼儿篮球课程内容安排与游戏体验相结合,以幼儿篮球课程目标为研究基础,以幼儿篮球的训练顺序、课程内容开发为研究重点,强调团队协作意识等综合素质,使幼儿篮球课程能更大程度地提高幼儿对篮球运动的兴趣并能更好地增强幼儿的身体素质、心理素质、感统能力、社会适应能力。3~6岁幼儿处于动作发展黄金期,幼儿篮球运动的教学内容、教学方法都适合幼儿此年龄段的重点发展能力。培养和激

---

❶ 艾险峰,夏丛. 幼儿篮球促进4~6岁幼儿体能发展的实证研究[C]//中国体育科学学会. 中国体育科学学会,2015:2.

❷ 何东亮. 幼儿篮球运动对6岁幼儿身心发展影响的研究[D]. 曲阜:曲阜师范大学,2017:57.

发幼儿对篮球运动的热爱,从而提升幼儿的体质健康,通过幼儿篮球促进其积极参与,并养成终身运动习惯,也是教育者的责任。让幼儿从小学会健康生活方式、重视自身体质、重视意志品质锻造,通过学习幼儿篮球最基本的技术与技能,充分掌握运动规律、运动精神,从而为自己的童年生活增加乐趣、增长知识。

## 第三节 幼儿篮球课程内容

幼儿篮球课程是幼儿体育活动的专项课程。该课程总体分为六个阶段,共88课时,每节课约45分钟,课程内容分为热身运动、专项练习、技术练习、篮球游戏。宝宝班(第1~8课时)的内容,主要的目标是对幼儿的兴趣启蒙,适合2~3岁幼儿;启蒙班(第9~30课时)的内容,主要目标是篮球启蒙课程训练,适合2~3岁幼儿;提高班(第31~48课时)的内容,主要目标是全面提高幼儿篮球的基础技术,适合3~4岁幼儿;进阶班(第49~60课时)的内容,主要目标是全面提高幼儿篮球的综合技术,适合3~4岁幼儿;中级、高级班(第61~88课时)的内容,主要目标是全面提高幼儿篮球的实战技术,适合4岁以上幼儿。

### 一、第一阶段——宝宝班

(一)幼儿篮球课程第1~2课时

**基本动作**:接、拍、投

**体适能发展**:灵敏、速度、协调

**运动文化**:学会专注

| 课程环节 | 课程内容 | 动作要领 | 次,组间歇 | 时长 | 器材 |
| --- | --- | --- | --- | --- | --- |
| 热身运动 | 慢跑5圈;<br>关节操 | 摆臂摆腿 | 2组,<br>间歇20秒 | 10分钟 | — |
| 专项体能 | 折返跑10次;<br>立定跳远10次 | 摆臂摆腿 | 2组,<br>间歇20秒 | 10分钟 | — |
| 技术练习 | 原地技术训练 | 抱球向前跑,头顶举球向前走;<br>体前全蹲左右搓球,俯身脚前绕8字手指张开,大小手臂呈90°,发力保持平衡 | 4组,<br>间歇20秒 | 30分钟 | 篮球 |

续表

| 课程环节 | 课程内容 | 动作要领 | 次,组间歇 | 时长 | 器材 |
|---|---|---|---|---|---|
| 技术练习 | 滚球训练 | 额头前搓球;<br>胸前搓球;<br>地滚球;<br>双手抛接球 | 4组,<br>间歇20秒 | 30分钟 | 篮球 |
| 篮球游戏 | 地球找月球 | 两人一组,坐在地上,听到老师口令同时将球滚出,对方接到<br>注意接球时手臂伸直 | 2组,<br>间歇20秒 | 10分钟 | 篮球 |

## (二)幼儿篮球课程第3~4课时

**基本动作**:接、拍

**体适能发展**:灵敏、速度、协调

**运动文化**:学会合作

| 课程环节 | 课程内容 | 动作要领 | 次,组间歇 | 时长 | 器材 |
|---|---|---|---|---|---|
| 热身运动 | 行进间高抬腿5个来回 | 摆臂摆腿 | 2组,<br>间歇20秒 | 10分钟 | — |
| 热身运动 | 行进间后踢腿5个来回 | 摆臂摆腿 | 2组,<br>间歇20秒 | 10分钟 | — |
| 专项体能 | 折返跑10次;<br>立定跳远10次 | 摆臂摆腿 | 2组,<br>间歇20秒 | 10分钟 | — |
| 技术练习 | 原地技术训练 | 原地双手拍球;<br>原地双手接拍球;<br>坐地双手推滚球;<br>体前左右换手拨球;<br>单手滚球绕一圈;<br>原地自抛自接(不超过鼻子);<br>双手推球走;<br>注意手指张开,大小手臂呈90°,<br>发力保持平衡 | 4组,<br>间歇20秒 | 30分钟 | 篮球 |
| 篮球游戏 | 保龄球 | 两幼儿对面站立(距离5米左右)向对方滚球,另一人接住地滚球;<br>注意接球时手臂伸直 | 2组,<br>间歇20秒 | 10分钟 | 篮球 |

## (三)幼儿篮球课程(宝宝班)第5~6课时

**基本动作**:接、拨、传

**体适能发展**:灵敏、速度、协调

**运动文化**:学会主动沟通

| 课程环节 | 课程内容 | 动作要领 | 次,组间歇 | /时长 | 器材 |
|---|---|---|---|---|---|
| 热身运动 | 冲刺跑5个 | 摆臂摆腿 | 2组,间歇20秒 | 10分钟 | — |
| 专项体能 | 折返跑10次;立定跳远10次;深蹲跳30秒(2次) | 摆臂摆腿 | 2组,间歇20秒 | 10分钟 | — |
| 技术练习 | 原地单手连续运球后接球;原地运球原地转1圈;运球绕球1圈;闭眼原地运球;四散走运球 | 手掌保持握球状,手腕自然用力,身体降低重心稍微前倾,球的高度控制在胸部以下 | 4组,间歇20秒 | 30分钟 | 篮球 |
| 篮球游戏 | 抱球接力跑 | 分两队,球不能落地,不能将球抛给队友;抛球接球时候躯干保持平衡 | 2组,间歇20秒 | 10分钟 | 篮球 |

## (四)幼儿篮球课程第7~8课时

**基本动作**:速度、抛、接、拍

**体适能发展**:灵敏、速度、协调

**运动文化**:学会与队友协作

| 课程环节 | 课程内容 | 动作要领 | 次,组间歇 | 时长 | 器材 |
|---|---|---|---|---|---|
| 热身运动 | 关节操;大跨步跑;开合跳;敏捷梯 | 摆臂摆腿 | 2组,间歇20秒 | 10分钟 | 敏捷梯 |
| 专项体能 | 折返跑10次;立定跳远10次 | 摆臂摆腿 | 2组,间歇20秒 | 10分钟 | — |

续表

| 课程环节 | 课程内容 | 动作要领 | 次,组间歇 | 时长 | 器材 |
|---|---|---|---|---|---|
| 技术练习 | 180°转身接球;<br>听信号单手运球<br>贴腰部滚球、贴双腿滚球;<br>原地单手运球1次后转身接球;<br>原地运球转身 | 拍球之后转身发力先从脚踝传到膝盖。躯干扭转时候腰腹先发力 | 4组,<br>间歇20秒 | 30分钟 | 篮球 |
| 篮球游戏 | 夹球接力 | 两人一组,坐在地上,双脚夹球,传球给下一位同学;<br>注意膝盖、脚踝、腿部肌肉绷直 | 2组,<br>间歇20秒 | 10分钟 | 篮球 |

## 二、第二阶段——启蒙班

### (一)幼儿篮球课程第9~10课时

**基本动作:** 平衡、蹦跳、爬动、平衡、跨越、拍

**体适能发展:** 灵敏、速度、协调

**运动文化:** 篮球场地的长宽

| 课程环节 | 课程内容 | 动作要领 | 次,组间歇 | 时长 | 器材 |
|---|---|---|---|---|---|
| 热身运动 | 关节操;<br>行进间高抬腿5个来回;<br>行进间后踢腿5个来回;<br>冲刺跑5个 | 摆臂摆腿 | 2组,<br>间歇20秒 | 10分钟 | — |
| 专项体能 | 折返跑10次;<br>立定跳远10次;<br>深蹲跳30秒2次 | 摆臂摆腿 | 2组,<br>间歇20秒 | 10分钟 | — |
| 技术练习 | 原地技术训练 | 头部绕环来回20圈;<br>腰部绕球左右手各20次;<br>双手平举指尖拨球30次; | 4组,<br>间歇20秒 | 30分钟 | 篮球 |

续表

| 课程环节 | 课程内容 | 动作要领 | 次，组间歇 | 时长 | 器材 |
|---|---|---|---|---|---|
| 技术练习 | 原地技术训练 | 原地高运球左右手各50次；原地低运球左右手各50次；注意手掌保持握球状，手腕自然用力，身体降低重心稍微前倾，球的高度控制在胸部以下 | 4组，间歇20秒 | 30分钟 | 篮球 |
| 篮球游戏 | 地球找月球 | 两人一组，坐在地上，两人听到老师口令同时将球滚出，对方接到注意传球与接球手臂都需要伸直 | 2组，间歇20秒 | 10分钟 | 篮球 |

(二)幼儿篮球课程第11~12课时

**基本动作**：扭转、爬动、平衡、跨越、拍

**体适能发展**：力量、协调

**运动文化**：篮球上场队员几人

| 课程环节 | 课程内容 | 动作要领 | 次，组间歇 | 时长 | 器材 |
|---|---|---|---|---|---|
| 热身运动 | 关节操；行进间高抬腿5个来回；行进间后踢腿5个来回；冲刺跑5个 | 摆臂摆腿 | 2组，间歇20秒 | 10分钟 | — |
| 专项体能 | 折返跑10次；立定跳远10次；深蹲跳30秒2次 | 摆臂摆腿 | 2组，间歇20秒 | 10分钟 | — |
| 技术练习 | 原地技术训练 | 头部绕环来回20圈；腰部绕球左右手各20次；双手平举指尖拨球30次；行进间直线高运球； | 4组，间歇20秒 | 30分钟 | 篮球 |

| 课程环节 | 课程内容 | 动作要领 | 次,组间歇 | 时长 | 器材 |
|---|---|---|---|---|---|
| 技术练习 | 原地技术训练 | 行进间S形高运球 注意手掌保持握球状,手腕自然用力,身体降低重心稍微前倾,球的高度控制在胸部以下 | 4组,间歇20秒 | 30分钟 | 篮球 |
| 篮球游戏 | 抛接球 | 两手向上抛球,然后再用手接住;两名幼儿合作面对面抛接球,接不住球者为输 传球与接球手臂都需要伸直 | 2组,间歇20秒 | 10分钟 | 篮球 |

(三)幼儿篮球课程第13~14课时

**基本动作**:蹦跳、爬动、平衡、跨越、投

**体适能发展**:速度、平衡、协调

**运动文化**:篮球篮筐的高度

| 课程环节 | 课程内容 | 动作要领 | 次,组间歇 | 时长 | 器材 |
|---|---|---|---|---|---|
| 热身运动 | 把球放在两脚之间夹住,轻轻向前跳,看谁或看哪队先到达目的地为胜; 关节操; 行进间高抬腿5个来回; 行进间后踢腿5个来回; 冲刺跑5个 | 后脚跟抬起,摆臂摆腿 | 2组,间歇20秒 | 10分钟 | — |
| 专项体能 | 折返跑10次; 立定跳远10次; 深蹲跳30秒2次 | 摆臂摆腿,蹬地发力 | 2组,间歇20秒 | 10分钟 | — |
| 技术练习 | 原地技术训练 | 头部绕环个来回20圈; 腰部绕球左右手各20; 双手平举指尖拨球30次; | 4组,间歇20秒 | 30分钟 | 篮球 |

续表

| 课程环节 | 课程内容 | 动作要领 | 次,组间歇 | 时长 | 器材 |
|---|---|---|---|---|---|
| 技术练习 | 原地技术训练 | 运球(双手交替进行低运球高、运球急起急停)注意手掌保持握球状,手腕自然用力,身体降低重心稍微前倾,球的高度控制在胸部以下 | 4组,间歇20秒 | 30分钟 | 篮球 |
| 篮球游戏 | 行走的三明治 | 两两一组,面对面站好,两手轻轻抓住对方的手臂,把球放在两幼儿胸部中间,学螃蟹横着走,也可以增加难度,背对背运球走注意手臂挽着手臂,核心发力夹紧球,两人动作必须协调一致,才能走得好,运得稳 | 2组,间歇20秒 | 10分钟 | 篮球 |

(四)幼儿篮球课程第15~16课时

**基本动作:** 平衡、蹦跳、爬动、跨越、拍

**体适能发展:** 灵敏、协调、力量

**运动文化:** 合作

| 课程环节 | 课程内容 | 动作要领 | 次,组间歇 | 时长 | 器材 |
|---|---|---|---|---|---|
| 热身运动 | 绕圈跑;关节操;行进间高抬腿5个来回;行进间后踢腿5个来回;冲刺跑5个 | 后脚跟抬起,摆臂摆腿 | 2组,间歇20秒 | 10分钟 | — |
| 专项体能 | 折返跑10次;转身、侧身弧线跑;深蹲跳30秒2次 | 摆臂摆腿,蹬地发力 | 2组,间歇20秒 | 10分钟 | — |

续表

| 课程环节 | 课程内容 | 动作要领 | 次,组间歇 | 时长 | 器材 |
|---|---|---|---|---|---|
| 技术练习 | 左右手地滚球；障碍（场地上摆障碍）地滚球；原地双手双球高运球；行进间S双手双球进行过障碍 | 手掌保持握球状,手腕自然用力,身体降低重心稍微前倾,球的高度控制在胸部以下 | 4组,间歇20秒 | 30分钟 | 篮球 |
| 篮球游戏捕鱼大赛 | 用塑料圈套住球向前走或向后走,不要让球出圈 | 手臂力量控制圈 | 2组,间歇20秒 | 10分钟 | 篮球、塑料圈 |

### （五）幼儿篮球课程第17~18课时

**基本动作**：腾空、爬动、平衡、跨越、拍

**体适能发展**：平衡、耐力、灵敏

**运动文化**：学会竞争

| 课程环节 | 课程内容 | 动作要领 | 次,组间歇 | 时长 | 器材 |
|---|---|---|---|---|---|
| 热身运动 | 绕圈跑；关节操；行进间高抬腿5个来回；行进间后踢腿5个来回；冲刺跑5个 | 后脚跟抬起,摆臂摆腿 | 2组,间歇20秒 | 10分钟 | — |
| 专项体能 | 侧滑步；脚步滑步,起动,急停转身,侧身弧线跑；深蹲跳30秒,2次 | 摆臂摆腿,蹬地发力 | 2组,间歇20秒 | 10分钟 | — |
| 技术练习 | 原地高低运球每手200次；原地双手双球运球200次；原地交替双手双球运球200次 | 两脚分开,脚尖向前,屁股坐下,五指张开,身体随球起有节奏的上下弹动,控制球的落球点,把球控制在身体附近,球的高度不宜太高,在肚子与胸口之间 | 3组,间歇20秒 | 30分钟 | — |

续表

| 课程环节 | 课程内容 | 动作要领 | 次,组间歇 | 时长 | 器材 |
|---|---|---|---|---|---|
| 篮球游戏 | 大力士 | 把球放进轮胎内,两手轻轻地扶住轮胎,手臂力量控制轮胎向前滚,保证球不掉落 | 2组,间歇20秒 | 10分钟 | 篮球、轮胎 |

## (六)幼儿篮球课第19~20课时

**基本动作**:扭转、平衡、跨越、拍、投掷

**体适能发展**:力量、平衡、协调

**运动文化**:遵守规则

| 课程环节 | 课程内容 | 动作要领 | 次,组间歇 | 时长 | 器材 |
|---|---|---|---|---|---|
| 热身运动 | 把球放在两脚之间,夹住球轻轻向前跳,先到达目的地为胜;<br>关节操;<br>行进间高抬腿5个来回;<br>行进间后踢腿5个来回;<br>冲刺跑5个 | 后脚跟抬起,摆臂摆腿 | 2组,间歇20秒 | 10分钟 | — |
| 专项体能 | 侧滑步;<br>转身、侧身弧线跑;<br>深蹲跳 | 摆臂摆腿,蹬地发力 | 2组,间歇20秒 | 10分钟 | — |
| 技术练习 | 学习运球体前变向;<br>行进间同时双手运球;<br>行进间左右手交替运球 | 两脚分开,脚尖向前,屁股坐下,五指张开,身体随球起伏有节奏地上下弹动,控制球的落球点,把球控制在身体附近,球的高度不宜太高,在肚子与胸口之间 | 3组,间歇20秒 | 30分钟 | — |
| 篮球游戏 | 大力士 | 把球放进轮胎内,两手轻轻地扶住轮胎,手臂力量控制轮胎向前滚,保证球不掉落 | 2组,间歇20秒 | 10分钟 | 轮胎 |

### (七)幼儿篮球课程第21~22课时

**基本动作**:拍、投、跳、爬动

**体适能发展**:耐力、平衡、协调

**运动文化**:探索球的不同玩法

| 课程环节 | 课程内容 | 动作要领 | 次,组间歇 | 时长 | 器材 |
| --- | --- | --- | --- | --- | --- |
| 热身运动 | 把球放在两脚之间,夹住球轻轻向前跳,先到达目的地为胜;<br>关节操;<br>行进间高抬腿5个来回;<br>行进间后踢腿5个来回;<br>冲刺跑5个 | 后脚跟抬起,摆臂摆腿 | 2组,<br>间歇20秒 | 10分钟 | — |
| 专项体能 | 侧滑步;<br>转身,侧身弧线跑;<br>深蹲跳 | 摆臂摆腿,蹬地发力 | 2组,<br>间歇20秒 | 10分钟 | — |
| 技术练习 | 绕脚地滚球左右手各50圈;<br>腰部膝部绕环每组50圈;<br>原地体前变向运球100次;<br>行进间双手交替运球过标志桶;<br>原地前后运球50次 | 大臂带动小臂,传送到手腕控制球 | 2组,<br>间歇20秒 | 30分钟 | 篮球 |
| 篮球游戏 | 从前到后击球+从后向前击球 | 先单手拍球从胯下击球后抱起球<br>注意球的落地在两脚中心 | 2组,<br>间歇20秒 | 10分钟 | 篮球 |

### (八)幼儿篮球课程第23~24课时

**基本动作**:平衡、蹦跳、跨越

**体适能发展**:速度、力量、灵敏

**运动文化**:从失败中学会坚强

| 课程环节 | 课程内容 | 动作要领 | 次,组间歇 | 时长 | 器材 |
|---|---|---|---|---|---|
| 热身运动 | 把球放在两脚之间,夹住球轻轻向前跳,先到达目的地为胜;<br>关节操;<br>行进间高抬腿5个来回;<br>行进间后踢腿5个来回;<br>冲刺跑5个 | 后脚跟抬起,摆臂摆腿 | 2组,间歇20秒 | 10分钟 | 篮球 |
| 专项体能 | 侧滑步;<br>转身、侧身弧线跑;<br>深蹲跳 | 摆臂摆腿,蹬地发力 | 2组,间歇20秒 | 10分钟 | — |
| 技术练习 | 绕脚地滚球左右手各50圈;<br>腰部膝部绕环每组50圈;<br>原地体前变向运球100次;<br>行进间双手交替运球过标志桶;<br>原地前后运球50次 | 大臂带动小臂,传送到手腕控制球 | 2组,间歇20秒 | 30分钟 | 篮球、标志桶 |
| 篮球游戏 | 从前到后击球+从后向前击球 | 先单手拍球从胯下击球后抱起球<br>注意球的落地在两脚中心 | 2组,间歇20秒 | 10分钟 | 篮球 |

(九)幼儿篮球课程第25~26课时

**基本动作:** 拍、平衡、跨越

**体适能发展:** 耐力衡、协调、灵敏

**运动文化:** 篮球场上勇争第一

| 课程环节 | 课程内容 | 动作要领 | 次,组间歇 | 时长 | 器材 |
|---|---|---|---|---|---|
| 热身运动 | 绕场踩白线跑;<br>行进间侧滑步5个来回;<br>行进间高抬腿5个来回;<br>冲刺跑5个 | 后脚跟抬起,摆臂摆腿 | 2组,间歇20秒 | 10分钟 | 标志碟、标志杆 |

续表

| 课程环节 | 课程内容 | 动作要领 | 次,组间歇 | 时长 | 器材 |
|---|---|---|---|---|---|
| 专项体能 | 侧滑步;<br>转身,侧身弧线跑;<br>深蹲跳 | 摆臂摆腿,蹬地发力 | 2组,<br>间歇20秒 | 10分钟 | — |
| 技术练习 | 过障碍体前变向运球;<br>行进间体前变向运球,<br>一步一变向;<br>胯下运球50次 | 大臂带动小臂,传送到手腕控制球 | 2组,<br>间歇20秒 | 30分钟 | 篮球 |
| 篮球游戏 | 小海豚 | 把球放在头部,头顶球向前跑、走都可以,看谁的时间最长控制腰腹核心肌肉保持绷才能保持球的平衡 | 2组,<br>间歇20秒 | 10分钟 | 篮球 |

(十)幼儿篮球课程第27~28课时

**基本动作**：平衡、蹦跳、爬动、拍、投掷

**体适能发展**：灵敏、平衡、协调

**运动文化**：学会积极跑动

| 课程环节 | 课程内容 | 动作要领 | 次,组间歇 | 时长 | 器材 |
|---|---|---|---|---|---|
| 热身运动 | 绕场踩白线跑;<br>行进间侧滑步5个来回;<br>行进间高抬腿5个来回;<br>冲刺跑5个 | 后脚跟抬起,摆臂摆腿 | 2组,<br>间歇20秒 | 10分钟 | 标志碟、标志杆 |
| 专项体能 | 侧滑步;<br>转身,侧身弧线跑;<br>深蹲跳 | 摆臂摆腿,蹬地发力 | 2组,<br>间歇20秒 | 10分钟 | — |
| 技术练习 | 前后拉球;<br>行进间体前变向运球,<br>一步一变向;<br>行进间胯下变向运球;<br>原地背后运球 | 大臂带动小臂,传送到手腕控制球 | 2组,<br>间歇20秒 | 30分钟 | 篮球 |

续表

| 课程环节 | 课程内容 | 动作要领 | 次,组间歇 | 时长 | 器材 |
|---|---|---|---|---|---|
| 篮球游戏 | 陀螺球 | 将手放在球上,把球像陀螺一样转起来,保持球不掉落<br>控制腰腹核心肌肉,保持绷才能保持球的平衡 | 2组,间歇20秒 | 10分钟 | 篮球 |

## (十一)幼儿篮球课程第29~30课时

**基本动作**:平衡、蹦跳、爬动、拍、拉

**体适能发展**:速度、平衡、协调

**运动文化**:积极面对突发情况做出反应

| 课程环节 | 课程内容 | 动作要领 | 次,组间歇 | 时长 | 器材 |
|---|---|---|---|---|---|
| 热身运动 | 绕场踩白线跑;<br>行进间侧滑步5个来回;<br>行进间高抬腿5个来回;<br>冲刺跑5个 | 后脚跟抬起,摆臂摆腿 | 2组,间歇20秒 | 10分钟 | 标志碟、标志杆 |
| 专项体能 | 侧滑步;<br>转身、侧身弧线跑;<br>深蹲跳 | 摆臂摆腿,蹬地发力 | 2组,间歇20秒 | 10分钟 | — |
| 技术练习 | 体前变向100次、前后拉球100次;<br>行进间体前变向;<br>胯下原地运球100次,行进间胯下运球3个来回;<br>原地背后运球 | 大臂带动小臂,传送到手腕控制球 | 2组,间歇20秒 | 30分钟 | 篮球 |
| 篮球游戏 | 盲人找球 | 将球背后击地后,快速抱住球;从右向左击地,抱球;从左向右击地,抱球<br>注意主动伸直手臂,五指张开找球 | 2组,间歇20秒 | 10分钟 | 篮球 |

## 三、第三阶段——提高班

### (一)幼儿篮球课程第31~32课时

**基本动作:** 平衡、蹦跳、爬动、拍

**体适能发展:** 速度、平衡、协调

**运动文化:** 积极面对突发情况做出反应

| 课程环节 | 课程内容 | 动作要领 | 次,组间歇 | 时长 | 器材 |
|---|---|---|---|---|---|
| 热身运动 | 绕场踩白线跑;<br>行进间侧滑步5个来回;<br>行进间高抬腿5个来回;<br>冲刺跑5个 | 后脚跟抬起,摆臂摆腿 | 2组,<br>间歇20秒 | 10分钟 | 标志碟、标志杆 |
| 专项体能 | 侧滑步;<br>转身,侧身弧线跑;<br>深蹲跳 | 摆臂摆腿,蹬地发力 | 2组,<br>间歇20秒 | 10分钟 | — |
| 技术练习 | 体前变向100次,前后拉球100次;<br>胯下原地运球100次,行进间胯下运球3来回;<br>原地背后运球50次;<br>转身变向运球50次 | 大臂带动小臂,传送到手腕手指控制球 | 2组,<br>间歇20秒 | 30分钟 | 篮球 |
| 篮球游戏 | 盲人找球 | 将球背后击地后,快速抱住球;从右向左击地,抱球;从左向右击地,抱球<br>主动伸直手臂,五指张开找球 | 2组,<br>间歇20秒 | 10分钟 | 篮球 |

### (二)幼儿篮球课程第33~34课时

**基本动作:** 平衡、蹦跳、爬动、传、接

**体适能发展:** 速度、平衡、协调

**运动文化:** 学会给对方最好的接球位置

| 课程环节 | 课程内容 | 动作要领 | 次,组间歇 | 时长 | 器材 |
|---|---|---|---|---|---|
| 热身运动 | 原地摸高;<br>行进间前后滑步,左右滑步5个来回;<br>行进间高抬腿5个来回;<br>冲刺跑5个 | 后脚跟抬起,摆臂摆腿 | 2组,间歇20秒 | 10分钟 | — |
| 专项体能 | 侧滑步;<br>转身,侧身弧线跑;<br>深蹲跳 | 摆臂摆腿,蹬地发力 | 2组,间歇20秒 | 10分钟 | — |
| 球技练习 | 双手击地传球50次;<br>单手击地传球50次;<br>原地背后运球50次;<br>转身变向运球50次 | 传球能量带:肩—肘—腕—手指(大拇指、食指、中指)拨球传出<br>接球能量带:手—腕—肘—肩关节 | 3组,间歇20秒 | 30分钟 | 篮球 |
| 篮球游戏 | 盲人找球 | 将球背后击地后,快速抱住球;从右向左击地,抱球;从左向右击地,抱球<br>注意主动伸直手臂,五指张开找球 | 2组,间歇20秒 | 10分钟 | 篮球 |

(三)幼儿篮球课程第35~36课时

**基本动作**:平衡、蹦跳、爬动、传、接

**体适能发展**:速度、平衡、协调

**运动文化**:预判行进间的速度掌控距离

| 课程环节 | 课程内容 | 动作要领 | 次,组间歇 | 时长 | 器材 |
|---|---|---|---|---|---|
| 热身运动 | 原地摸高;<br>行进间前后滑步,左右滑步5个来回;<br>行进间高抬腿5个来回;<br>冲刺跑5个 | 后脚跟抬起,摆臂摆腿 | 2组,间歇20秒 | 10分钟 | — |
| 专项体能 | 侧滑步;<br>转身,侧身弧线跑;<br>深蹲跳 | 摆臂摆腿,蹬地发力 | 2组,间歇20秒 | 10分钟 | — |

| 课程环节 | 课程内容 | 动作要领 | 次,组间歇 | 时长 | 器材 |
|---|---|---|---|---|---|
| 球技练习 | 行进间双手胸前传球50次；<br>行进间双手+单手击地传球50次；<br>行进间过障碍背后运球50次；<br>行进间过障碍转身运球50次 | 传球能量带：肩—肘—腕—手指（大拇指、食指、中指）拨球传出<br>接球能量带：手—腕—肘—肩关节<br>一步一传（不可以走步） | 3组，<br>间歇20秒 | 30分钟 | 篮球 |
| 篮球游戏 | 反弹球练习 | 对墙双手头上反弹球练习<br>注意向上伸直手臂，手指拨球 | 2组，<br>间歇20秒 | 10分钟 | 篮球 |

## （四）幼儿篮球课程第37~38课时

**基本动作**：平衡、蹦跳、爬动、传、接

**体适能发展**：速度、平衡、协调

**运动文化**：两次运球违例

| 课程环节 | 课程内容 | 动作要领 | 次,组间歇 | 时长 | 器材 |
|---|---|---|---|---|---|
| 热身运动 | 原地摸高；<br>行进间前后滑步,左右滑步5个来回；<br>行进间高抬腿5个来回；<br>冲刺跑5个 | 后脚跟抬起,摆臂摆腿 | 2组，<br>间歇20秒 | 10分钟 | — |
| 专项体能 | 转身跑；<br>侧身弧线跑；<br>波比跳；<br>敏捷梯练习脚步灵敏性 | 摆臂摆腿,蹬地发力 | 2组，<br>间歇20秒 | 10分钟 | 敏捷梯 |
| 球技练习 | 体前变向+胯下变向运球；<br>行进间体前变向+转身运球； | 大臂带动小臂,传送到手腕手指控制球 | 3组，<br>间歇20秒 | 28分钟 | 篮球 |

| 课程环节 | 课程内容 | 动作要领 | 次,组间歇 | 时长 | 器材 |
|---|---|---|---|---|---|
| 球技练习 | 行进间胯下变向+背后变向运球；<br>头上传球 | 大臂带动小臂,传送到手腕手指控制球 | 3组,<br>间歇20秒 | 28分钟 | 篮球 |
| 篮球游戏 | 投中积分大赛PK赛 | 分为两队,按照比赛规则进行,一小节12分钟投中一球积分10分 | 1组 | 12分钟 | 篮球 |

## (五)幼儿篮球课程第39~40课时

**基本动作**：平衡、蹦跳、拉、传、接

**体适能发展**：速度、平衡、协调

**运动文化**：两次运球违例

| 课程环节 | 课程内容 | 动作要领 | 次,组间歇 | 时长 | 器材 |
|---|---|---|---|---|---|
| 热身运动 | 原地摸高；<br>行进间前后滑步,左右滑步5个来回；<br>行进间高抬腿5个来回；<br>冲刺跑5个 | 摆臂摆腿 | 2组,<br>间歇20秒 | 10分钟 | — |
| 专项体能 | 转身跑；<br>侧身弧线跑；<br>波比跳；<br>敏捷梯练习脚步灵敏性 | 摆臂摆腿,蹬地发力 | 2组,<br>间歇20秒 | 10分钟 | 敏捷梯 |
| 技术练习 | 原地双手胸前投篮；<br>运球急停双手胸前投篮 | 禁区篮筐远度不同,位置不同,有碰板投篮,有直接入篮<br>手臂放肩上,大小臂夹角90度,压腕时将球出手(角度为45度),球离开手指(最后离开的是食指、中指)的时候主动拨球 | 3组,<br>间歇20秒 | 30分钟 | 篮球 |

| 课程环节 | 课程内容 | 动作要领 | 次,组间歇 | 时长 | 器材 |
|---|---|---|---|---|---|
| 篮球游戏 | 篮板大赛 | 球击中篮板,自投自抢不可让球落地<br>下肢起跳同时上肢将球投向篮板 | 2组,<br>间歇20秒 | 10分钟 | 篮球 |

(六)幼儿篮球课程第41~42课时

**基本动作:** 平衡、蹦跳、拍、拉、越

**体适能发展:** 速度、平衡、协调

**运动文化:** 两次运球违例

| 课程环节 | 课程内容 | 动作要领 | 次,组间歇 | 时长 | 器材 |
|---|---|---|---|---|---|
| 热身运动 | 原地摸高;<br>行进间前后滑步,左右滑步5个来回;<br>行进间高抬腿5个来回;<br>冲刺跑5个 | 摆臂摆腿 | 2组,<br>间歇20秒 | 10分钟 | — |
| 专项体能 | 转身跑;<br>侧身弧线跑;<br>波比跳;<br>敏捷梯练习脚步灵敏性 | 摆臂摆腿,蹬地发力 | 2组,<br>间歇20秒 | 10分钟 | 敏捷梯 |
| 技术练习 | 原地双手胸前投篮;<br>运球急停双手胸前投篮 | 双手胸前投篮上肢能量带:肩膀—手肘—手腕—手指 | 3组,<br>间歇20秒 | 30分钟 | 篮球 |
| 篮球游戏 | 篮板大赛 | 球击中篮板,自投自抢不可让球落地<br>下肢起跳同时上肢将球投向篮板 | 2组,<br>间歇20秒 | 10分钟 | 篮球 |

(七)幼儿篮球课程第43~44课时

**基本动作:** 平衡、蹦跳、拍、拉、跨越

**体适能发展:** 速度、平衡、协调、灵敏

**运动文化:** 什么是走步违例

| 课程环节 | 课程内容 | 动作要领 | 次,组间歇 | 时长 | 器材 |
|---|---|---|---|---|---|
| 热身运动 | 原地摸高;<br>行进间前后滑步,左右滑步5个来回;<br>行进间高抬腿5个来回;<br>冲刺跑5个 | 摆臂摆腿 | 2组,<br>间歇20秒 | 10分钟 | — |
| 专项体能 | 转身跑;<br>侧身弧线跑;<br>波比跳;<br>敏捷梯练习脚步灵敏性 | 摆臂摆腿,蹬地发力 | 2组,<br>间歇20秒 | 10分钟 | 敏捷梯 |
| 技术练习 | 原地双手胸前投篮;<br>原地单手肩上投篮 | 双手胸前投篮上肢能量带:肩膀—手肘—手腕—手指 | 3组,<br>间歇20秒 | 30分钟 | 篮球 |
| 篮球游戏 | 运球接力赛 | 分两组运球接力比赛,两人接力时,球反弹球传球 | 2组,<br>间歇20秒 | 10分钟 | 篮球 |

(八)幼儿篮球课程第45~46课时

**基本动作**:平衡、蹦跳、拍、拉、跨越

**体适能发展**:速度、平衡、协调、灵敏

**运动文化**:介绍篮球历史

| 课程环节 | 课程内容 | 动作要领 | 次,组间歇 | 时长 | 器材 |
|---|---|---|---|---|---|
| 热身运动 | 原地摸高;<br>行进间前后滑步,左右滑步5个来回;<br>行进间高抬腿5个来回;<br>冲刺跑5个 | 摆臂摆腿 | 2组,<br>间歇20秒 | 10分钟 | — |
| 专项体能 | 转身跑;<br>侧身弧线跑;<br>波比跳;<br>敏捷梯练习脚步灵敏性 | 摆臂摆腿,蹬地发力 | 2组,<br>间歇20秒 | 10分钟 | 敏捷梯 |

续表

| 课程环节 | 课程内容 | 动作要领 | 次,组间歇 | 时长 | 器材 |
|---|---|---|---|---|---|
| 技术练习 | 单手前后左右拉球；行进间传球；行进间三步上篮；持球练习 | 行进间传球练习要注意人与人之间的距离,防止被断球<br>三步上篮不持球脚步节奏:一大二小三高跳 | 3组,间歇20秒 | 30分钟 | 篮球 |
| 篮球游戏 | 运球接力赛 | 分两组运球接力比赛,两人接力时,球反弹球传球 | 2组,间歇20秒 | 10分钟 | 篮球 |

(九)幼儿篮球课程(提高班)第47~48课时

**基本动作**:平衡、蹦跳、拍、拉、跨越

**体适能发展**:速度、平衡、协调、灵敏

**运动文化**:介绍NBA

| 课程环节 | 课程内容 | 动作要领 | 次,组间歇 | 时长 | 器材 |
|---|---|---|---|---|---|
| 热身运动 | 原地摸高；行进间前后滑步,左右滑步5个来回；行进间高抬腿5个来回；冲刺跑5个 | 摆臂摆腿 | 2组,间歇20秒 | 10分钟 | — |
| 专项体能 | 防守脚步1V1综合练习 | 摆臂摆腿,蹬地发力 | 2组,间歇20秒 | 10分钟 | 敏捷梯 |
| 技术练习 | 行进间接传球三步上篮；行进间低手三步上篮；行进间接传球低手三步上篮 | 脚步节奏:一大二小三高跳<br>持球练习:<br>手练习—持球练习—运球练习 | 3组,间歇20秒 | 30分钟 | — |
| 篮球游戏 | 胯下传球接力赛 | 分两组进行胯下传球接力,看哪一组用时最短；注意膝盖弯曲,屈髋 | 2组,间歇20秒 | 10分钟 | — |

## 四、第四阶段——进阶班

(一)幼儿篮球课程第49~50课时

**基本动作**:传、接、投

**体适能发展:** 启动速度、弹跳

**运动文化:** 介绍NBA

| 课程环节 | 课程内容 | 动作要领 | 次,组间歇 | 时长 | 器材 |
|---|---|---|---|---|---|
| 热身运动 | 原地摸高;<br>行进间前后滑步,左右滑步5个来回;<br>行进间高抬腿5个来回;<br>冲刺跑5个 | 摆臂摆腿 | 2组,<br>间歇20秒 | 10分钟 | — |
| 专项体能 | 行进间急停急起;<br>行进间变速变向跑;<br>抱膝跳 | 摆臂摆腿、蹬地发力 | 2组,<br>间歇20秒 | 10分钟 | 敏捷梯 |
| 球技练习 | 运球综合练习 | 行进间三步上篮(低手、高手);<br>体前变向、胯下变向、背后变向、转身;<br>运用运球综合练习进行进攻突破过障碍时候下肢发力,腰腹核心扭转 | 3组,<br>间歇20秒 | 30分钟 | 篮球 |
| 篮球游戏 | 运球截击 | 一人进攻,一人防守。进攻的在运球过程中保护球,防守的截击球成功得积分 | 2组,<br>间歇30秒 | 10分钟 | 篮球 |

(二)儿篮球课程第51~52次课

**基本动作:** 传、接、投

**体适能发展:** 速度、弹跳、核心

**运动文化:** 介绍罚球线,讲解罚球线规则

| 课程环节 | 课程内容 | 动作要领 | 次,组间歇 | 时长 | 器材 |
|---|---|---|---|---|---|
| 热身运动 | 原地摸高;<br>行进间前后滑步,左右滑步5个来回;<br>行进间高抬腿5个来回;<br>冲刺跑5个 | 摆臂摆腿 | 2组,<br>间歇20秒 | 10分钟 | — |

续表

| 课程环节 | 课程内容 | 动作要领 | 次,组间歇 | 时长 | 器材 |
| --- | --- | --- | --- | --- | --- |
| 专项体能 | 防守脚步动作综合练习；<br>左右滑步；<br>上进步后撤步 | 摆臂摆腿,蹬地发力 | 2组,<br>间歇20秒 | 10分钟 | — |
| 技术练习 | 原地双手,胸前(直线、折线、弧线)传、接球；<br>单手体侧传球；<br>两人传接球三步上篮；<br>两人持球突破 | 手指拨球 | 3组,<br>间歇20秒 | 30分钟 | 篮球 |
| 篮球游戏 | 背靠背夹球同起同坐30个 | 核心收紧,相互借力 | 2组,<br>间歇30秒 | 10分钟 | 篮球 |

(三)幼儿篮球课程第53~54课时

**基本动作**:跨步+接,跨步+传

**体适能发展**:速度、弹跳、爆发

**运动文化**:介绍边线

| 课程环节 | 课程内容 | 动作要领 | 次,组间歇 | 时长 | 器材 |
| --- | --- | --- | --- | --- | --- |
| 热身运动 | 原地摸高；<br>行进间前后滑步,左右滑步5个来回；<br>行进间高抬腿5个来回；<br>冲刺跑5个 | 摆臂摆腿 | 2组,<br>间歇20秒 | 10分钟 | — |
| 专项体能 | 进攻脚步动作综合练习；<br>防守型脚步综合练习 | 摆臂摆腿,蹬地发力 | 2组,<br>间歇20秒 | 10分钟 | 敏捷梯 |
| 技术练习 | 行进间双手胸前、头上传球；<br>原地跳投(先做无球练习,再做持球练习) | 脚踝发力,膝盖发力,屈髋后蹬地 | 3组,<br>间歇20秒 | 30分钟 | 篮球 |
| 篮球游戏 | 2V2小型模拟赛 | | | 10分钟 | 篮球 |

(四)幼儿篮球课程第55~56课时

**基本动作**:传、接、投

**体适能发展**:速度、弹跳、力量

**运动文化**：介绍边线

| 课程环节 | 课程内容 | 动作要领 | 次,组间歇 | 时长 | 器材 |
| --- | --- | --- | --- | --- | --- |
| 热身运动 | 原地摸高；<br>行进间前后滑步,左右滑步5个来回；<br>行进间高抬腿5个来回；<br>冲刺跑5个 | 摆臂摆腿 | 2组,<br>间歇20秒 | 10分钟 | — |
| 专项体能 | 进攻脚步动作综合练习；<br>防守型脚步综合练习 | 摆臂摆腿,蹬地发力 | 2组,<br>间歇20秒 | 10分钟 | 敏捷梯 |
| 技术练习 | 体前变向+三步上篮；<br>背后运球+三步上篮；<br>转身运球+三步上篮；<br>接传球三步上篮 | 脚踝发力,膝盖发力,屈髋后蹬地 | 3组,<br>间歇20秒 | 30分钟 | 篮球 |
| 篮球游戏 | 3V3模拟比赛训练 | — | — | 10分钟 | 篮球 |

### (五)幼儿篮球课程第57~58课时

**基本动作**：传、接、投

**体适能发展**：弹跳、力量

**运动文化**：介绍篮球场球不同线不同规则

| 课程环节 | 课程内容 | 动作要领 | 次,组间歇 | 时长 | 器材 |
| --- | --- | --- | --- | --- | --- |
| 热身运动 | 原地摸高；<br>行进间前后滑步,左右滑步5个来回；<br>行进间高抬腿5个来回；<br>冲刺跑5个 | 摆臂摆腿 | 2组,<br>间歇20秒 | 10分钟 | — |
| 专项体能 | 进攻脚步动作综合练习；<br>防守型脚步综合练习 | 摆臂摆腿,蹬地发力 | 2组,<br>间歇20秒 | 10分钟 | 敏捷梯 |
| 技术练习 | 体前变向+三步上篮；<br>背后运球+三步上篮；<br>转身运球+三步上篮；<br>接传球三步上篮 | 脚踝发力,膝盖发力,屈髋后蹬地 | 3组,<br>间歇20秒 | 30分钟 | 篮球 |
| 篮球游戏 | 3V3模拟比赛训练 | — | — | 10分钟 | 篮球 |

### (六)幼儿篮球课程(进阶班)第59~60课时

**基本动作**：传、接、投

**体适能发展**：启动速度、弹跳

**运动文化**：介绍篮球场球不同线不同规则

| 课程环节 | 课程内容 | 动作要领 | 次,组间歇 | 时长 | 器材 |
|---|---|---|---|---|---|
| 热身运动 | 原地摸高进；<br>行进间前后滑步,左右滑步5个来回；<br>行进间高抬腿5个来回；<br>冲刺跑5个 | 摆臂摆腿 | 2组,<br>间歇20秒 | 10分钟 | — |
| 专项体能 | 进攻脚步动作综合练习；<br>防守型脚步综合练习 | 摆臂摆腿,蹬地发力 | 2组,<br>间歇20秒 | 10分钟 | 敏捷梯 |
| 技术练习 | 体前变向+三步上篮；<br>背后运球+三步上篮；<br>转身运球+三步上篮；<br>接传球三步上篮 | 脚踝发力,膝盖发力,屈髋后蹬地 | 3组,<br>间歇20秒 | 30分钟 | 篮球 |
| 篮球游戏 | 3V3模拟比赛训练 | — | — | 10分钟 | 篮球 |

## 五、第五阶段——中级班

### (一)幼儿篮球课程第61~62课时

**基本动作**：传、接、投

**体适能发展**：弹跳、跨步+接

**运动文化**：介绍犯规违例

| 课程环节 | 课程内容 | 动作要领 | 次,组间歇 | 时长 | 器材 |
|---|---|---|---|---|---|
| 热身运动 | 原地摸高；<br>行进间前后滑步,左右滑步5个来回；<br>行进间高抬腿5个来回；<br>冲刺跑5个 | 摆臂摆腿 | 2组,<br>间歇20秒 | 10分钟 | — |
| 专项体能 | 进攻脚步动作综合练习；<br>防守型脚步综合练习 | 摆臂摆腿,蹬地发力 | 2组,<br>间歇20秒 | 10分钟 | 敏捷梯 |
| 技术练习 | 持球交叉步、同侧步突破；<br>接传球低手上篮、高手上篮； | 脚踝发力,膝盖发力,屈髋后蹬地 | 3组,<br>间歇20秒 | 30分钟 | 篮球 |

续表

| 课程环节 | 课程内容 | 动作要领 | 次,组间歇 | 时长 | 器材 |
|---|---|---|---|---|---|
| 技术练习 | 篮板球拼抢练习(篮球群接力,不让篮板球掉地);双人抢篮板球比赛 | 脚踝发力,膝盖发力,屈髋后蹬地 | 3组,间歇20秒 | 30分钟 | 篮球 |
| 篮球游戏 | 3V2、2V1练习防守能力 | — | — | 10分钟 | 篮球 |

### (二)幼儿篮球课程第63~64课时

**基本动作**:传、接、投

**体适能发展**:弹跳、跨步+接

**运动文化**:介绍犯规违例

| 课程环节 | 课程内容 | 动作要领 | 次,组间歇 | 时长 | 器材 |
|---|---|---|---|---|---|
| 热身运动 | 原地摸高;行进间前后滑步,左右滑步5个来回;行进间高抬腿5个来回;冲刺跑5个 | 摆臂摆腿 | 2组,间歇20秒 | 10分钟 | |
| 专项体能 | 进攻脚步动作综合练习;防守型脚步综合练习 | 摆臂摆腿,蹬地发力 | 2组,间歇20秒 | 10分钟 | 敏捷梯 |
| 技术练习 | 行进间全场过4个障碍:一个体前变向、一个后转身、一个胯下、一个背后过障碍;行进间双手双球练习遇到障碍换球;行进间运球三步上篮,接球三步上篮(重点练习左边);传切上篮配合 | 脚踝发力,膝盖发力,屈髋后蹬地 | 3组,间歇20秒 | 30分钟 | 篮球 |
| 篮球游戏 | 3V2、2V1练习防守能力脚步移动 | — | 2组 | 10分钟 | 篮球 |

### (三)幼儿篮球课程第65~66课时

**基本动作**:传、接、投

**体适能发展**：弹跳、跨步+接

**运动文化**：介绍三分线

| 课程环节 | 课程内容 | 动作要领 | 次,组间歇 | 时长 | 器材 |
|---|---|---|---|---|---|
| 热身运动 | 原地摸高<br>行进间前后滑步,左右滑步5个来回<br>行进间高抬腿5个来回<br>冲刺跑5个 | 脚步灵活性 | 2组 | 10分钟 | — |
| 专项体能 | 进攻脚步动作综合练习;<br>防守型脚步综合练习 | 脚步灵活性 | 2组 | 10分钟 | 敏捷梯 |
| 技术练习 | 行进间全场过4个障碍：一个体前变向、一个后转身、一个胯下、一个背后过障碍；<br>行进间双手双球练习遇到障碍换球；<br>行进间运球三步上篮,接球三步上篮(重点练习左边)；<br>传切上篮配合 | 学会瞬间加速度 | 3组 | 30分钟 | 篮球 |
| 篮球游戏 | 3V2、2V1练习防守能力脚步移动 | — | 2组 | 10分钟 | 篮球 |

(四)幼儿篮球课程第67~68课时

**基本动作**：传、接、投

**体适能发展**：弹跳、跨步+接、灵敏、速度

**运动文化**：介绍三分线

| 课程环节 | 课程内容 | 动作要领 | 次,组间歇 | 时长 | 器材 |
|---|---|---|---|---|---|
| 热身运动 | 敏捷梯脚步练习；<br>行进间前后滑步,左右滑步5个来回；<br>行进间高抬腿5个来回；<br>冲刺跑5个 | 摆臂摆腿 | 2组,<br>间歇20秒 | 10分钟 | — |

续表

| 课程环节 | 课程内容 | 动作要领 | 次,组间歇 | 时长 | 器材 |
|---|---|---|---|---|---|
| 专项体能 | 进攻脚步动作综合练习;<br>防守型脚步综合练习;<br>全程平板支撑 | 摆臂摆腿,蹬地发力 | 2组,<br>间歇20秒 | 10分钟 | 敏捷梯 |
| 技术练习 | 行进间四种运球突破方法;<br>行进间四种传球方法练习(胸前、头上、反击、背后);<br>运球急停跳投、接球急停跳投;<br>防守无球队员、防守有球队员 | 脚踝发力,膝盖发力,屈髋后蹬地 | 3组,<br>间歇20秒 | 30分钟 | 篮球 |
| 篮球游戏 | 抢篮板球比赛 | 分2队,教师用球击篮板球,每队出1人,2人一组看谁先抢到球得10积分 | 2组 | 10分钟 | 篮球 |

(五)幼儿篮球课程第69~70课时

**基本动作:** 传、接、投

**体适能发展:** 跑+接、跑+传、跑+投、灵敏、速度

**运动文化:** 介绍篮球4号球(圆周56~57厘米)、5号球(圆周69~71厘米)、6号球(圆周70~71厘米)、7号球(圆周75~76厘米),6号球为世界女子比赛标准用球,7号球为世界男子比赛标准用球

| 课程环节 | 课程内容 | 动作要领 | 次,组间歇 | 时长 | 器材 |
|---|---|---|---|---|---|
| 热身运动 | 原地摸高;<br>行进间前后滑步,左右滑步5个来回;<br>行进间高抬腿5个来回;<br>冲刺跑5个 | 摆臂摆腿 | 2组,<br>间歇20秒 | 10分钟 | — |
| 专项体能 | 进攻脚步动作综合练习;<br>防守型脚步综合练习;<br>平板支撑 | 摆臂摆腿,蹬地发力 | 2组,<br>间歇20秒 | 10分钟 | 敏捷梯 |

| 课程环节 | 课程内容 | 动作要领 | 次,组间歇 | 时长 | 器材 |
|---|---|---|---|---|---|
| 技术练习 | 行进间体前变向+上篮、背后运球+上篮、后转生+上篮,胯下变向+上篮;<br>行进间四种传球方法练习(胸前、头上、反击、背后);<br>运球急停跳投、接球急停跳投;<br>抢进攻篮板球之后二次进攻 | 脚踝发力,膝盖发力,屈髋后蹬地 | 3组,间歇20秒 | 30分钟 | 篮球 |
| 篮球游戏 | 抢篮板球比赛 | 分2队,教师用球击篮板球,每队出1人,2人一组看谁先抢到球得10分积分 | 2组 | 10分钟 | 篮球 |

### (六)幼儿篮球课程第71~72课时

**基本动作:**传、接、投

**体适能发展:**灵敏、协调

**运动文化:**第二节、第三节比赛休息130秒,中场休息15分钟,每节比赛10分钟。加时赛5分钟

| 课程环节 | 课程内容 | 动作要领 | 次,组间歇 | 时长 | 器材 |
|---|---|---|---|---|---|
| 热身运动 | 原地摸高;<br>行进间前后滑步,左右滑步5个来回;<br>行进间高抬腿5个来回;<br>冲刺跑5个 | 摆臂摆腿 | 2组,间歇20秒 | 10分钟 | — |
| 专项体能 | 进攻脚步动作综合练习;<br>防守型脚步综合练习;<br>高位平板支撑换腿跳 | 摆臂摆腿,蹬地发力 | 2组,间歇20秒 | 10分钟 | 敏捷梯 |
| 技术练习 | 学习勾手、反手三步上篮;<br>传接球三步上篮;<br>传接球勾手上篮 | 脚踝发力,膝盖发力,屈髋后蹬地,手腕发力抖动手指拨球 | 3组,间歇20秒 | 30分钟 | 篮球 |

续表

| 课程环节 | 课程内容 | 动作要领 | 次,组间歇 | 时长 | 器材 |
|---|---|---|---|---|---|
| 篮球游戏 | 抢篮板球比赛 | 分2队,教师用球击篮板球,每队出1人,2人一组看谁先抢到球得10分积分 | 2组 | 10分钟 | 篮球 |

### (七)幼儿篮球课程第73~74课时

**基本动作:** 传、接、投

**体适能发展:** 灵敏、协调

**运动文化:** 选手替换20秒之内完成

| 课程环节 | 课程内容 | 动作要领 | 次,组间歇 | 时长 | 器材 |
|---|---|---|---|---|---|
| 热身运动 | 原地摸高;<br>行进间前后滑步,左右滑步5个来回;<br>行进间高抬腿5个来回;<br>冲刺跑5个 | 摆臂摆腿 | 2组,<br>间歇20秒 | 10分钟 | — |
| 专项体能 | 进攻脚步动作综合练习;<br>防守型脚步综合练习;<br>高位平板支撑换腿跳 | 摆臂摆腿,蹬地发力 | 2组,<br>间歇20秒 | 10分钟 | 敏捷梯 |
| 技术练习 | 学习勾手、反手三步上篮;<br>运球急停跳投;<br>运球防守对抗训练 | 脚步路线需要穿越底线;<br>脚踝发力,膝盖发力,曲髋后蹬地 | 3组,<br>间歇20秒 | 30分钟 | 篮球 |
| 篮球游戏 | 2V2打一节比赛 | — | — | 10分钟 | 篮球 |

## 六、第六阶段——高级班

### (一)幼儿篮球课程第75~76课时

**基本动作:** 传、接、投

**体适能发展:** 灵敏、协调

**运动文化:** 非法运球(不可以双手同时触球或者有翻腕托举动作)

| 课程环节 | 课程内容 | 动作要领 | 次,组间歇 | 时长 | 器材 |
|---|---|---|---|---|---|
| 热身运动 | 原地摸高;<br>行进间前后滑步,左右滑步5个来回;<br>行进间高抬腿5个来回;<br>冲刺跑5个 | 摆臂摆腿 | 2组,<br>间歇20秒 | 10分钟 | — |
| 专项体能 | 进攻脚步动作综合练习;<br>防守型脚步综合练习;<br>高位平板支撑换腿跳 | 摆臂摆腿,蹬地发力 | 2组,<br>间歇20秒 | 10分钟 | 敏捷梯 |
| 技术练习 | 接传球突破上篮;<br>接传球假动作突破上篮;<br>原地侧面0°、45°、60°投篮、空心或打板 | 球出手角度45度 | 3组,<br>间歇20秒 | 30分钟 | 篮球 |
| 篮球游戏 | 3V3打一节比赛 | 注意强调规则 | — | 10分钟 | 篮球 |

(二)幼儿篮球课程第77~78课时

**基本动作:**传、接、投

**体适能发展:**灵敏、协调

**运动文化:**走步(球在手上时候走两步以上而球未出手就是走步)

| 课程环节 | 课程内容 | 动作要领 | 次,组间歇 | 时长 | 器材 |
|---|---|---|---|---|---|
| 热身运动 | 原地摸高;<br>行进间前后滑步,左右滑步5个来回;<br>行进间高抬腿5个来回;<br>冲刺跑5个 | 摆臂摆腿 | 2组,<br>间歇20秒 | 10分钟 | — |
| 专项体能 | 进攻脚步动作综合练习;<br>防守型脚步综合练习;<br>高位平板支撑肘触膝盖 | 摆臂摆腿,蹬地发力 | 2组,<br>间歇20秒 | 10分钟 | 敏捷梯 |
| 战术练习 | 如何做掩护;<br>抢球训练;<br>断球训练 | 屈膝,脚跟离地 | 3组,<br>间歇20秒 | 30分钟 | 篮球 |
| 篮球游戏 | 3V3打1节比赛 | 注意强调比赛规则 | — | 10分钟 | 篮球 |

(三)幼儿篮球课程第79~80课时

**基本动作:** 传、接、投

**体适能发展:** 灵敏、协调

**运动文化:** 进攻时间为24秒否则违例;球触框后,进攻时间14秒;运球过半场8秒;发边线底线球为5秒

| 课程环节 | 课程内容 | 动作要领 | 次,组间歇 | 时长 | 器材 |
| --- | --- | --- | --- | --- | --- |
| 热身运动 | 原地摸高;<br>行进间前后滑步,左右滑步5个来回; | 摆臂摆腿 | 2组,<br>间歇20秒 | 10分钟 | — |
| 热身运动 | 行进间高抬腿5个来回;<br>冲刺跑5个 | 摆臂摆腿 | 2组,<br>间歇20秒 | 10分钟 | — |
| 专项体能 | 进攻脚步动作综合练习;<br>防守型脚步综合练习;<br>高位平板支撑肘触膝盖 | 摆臂摆腿,蹬地发力 | 2组,<br>间歇20秒 | 10分钟 | 敏捷梯 |
| 战术练习 | 如何做掩护;<br>抢球训练;<br>断球训练 | 屈膝,脚跟离地 | 3组,<br>间歇20秒 | 30分钟 | 篮球 |
| 篮球游戏 | 3V3打1节比赛 | 注意强调比赛规则 | | 10分钟 | 篮球 |

(四)幼儿篮球课程第81~82课时

**基本动作:** 传、接、投

**体适能发展:** 灵敏、协调

**运动文化:** 进攻时间为24秒否则违例;球触框后,进攻时间14秒;运球过半场8秒;发边线底线球为5秒

| 课程环节 | 课程内容 | 动作要领 | 次,组间歇 | 时长 | 器材 |
| --- | --- | --- | --- | --- | --- |
| 热身运动 | 蛙跳20个;<br>行进间前后滑步,左右滑步5个来回;<br>行进间高抬腿5个来回;<br>冲刺跑5个 | 摆臂摆腿 | 2组,<br>间歇20秒 | 10分钟 | — |

续表

| 课程环节 | 课程内容 | 动作要领 | 次,组间歇 | 时长 | 器材 |
| --- | --- | --- | --- | --- | --- |
| 专项体能 | 进攻脚步动作综合练习；<br>防守型脚步综合练习；<br>高位平板支撑肘触膝盖 | 摆臂摆腿,蹬地发力 | 2组,<br>间歇20秒 | 10分钟 | 敏捷梯 |
| 战术练习 | 传切配合；<br>突破分球配合；<br>掩护后接球上篮配合 | 屈膝,脚跟离地 | 3组,<br>间歇20秒 | 30分钟 | 篮球 |
| 篮球游戏 | 3V3打1节比赛 | 注意强调比赛规则 | — | 10分钟 | 篮球 |

(五)幼儿篮球课程第83~84课时

**基本动作:** 传、接、投

**体适能发展:** 灵敏、协调

**运动文化:** 讲解阻挡犯规

| 课程环节 | 课程内容 | 动作要领 | 次,组间歇 | 时长 | 器材 |
| --- | --- | --- | --- | --- | --- |
| 热身运动 | 蛙跳20个；<br>行进间前后滑步,左右滑步5个来回；<br>波比20个；<br>冲刺跑5个 | 摆臂摆腿 | 2组,<br>间歇20秒 | 10分钟 | — |
| 专项体能 | 进攻脚步动作综合练习；<br>防守型脚步综合练习<br>高位；<br>平板支撑肘触膝盖 | 摆臂摆腿,蹬地发力 | 2组,<br>间歇20秒 | 10分钟 | 敏捷梯 |
| 战术练习 | 摆脱防守后接球；<br>摆脱防守后接球投篮；<br>掩护后接球上篮配合 | 屈膝,脚跟离地 | 3组,<br>间歇20秒 | 20分钟 | 篮球 |
| 篮球游戏 | 3V3打2节比赛 | 注意强调比赛规则,发现比赛过程中出现的问题,进行修正 | 2组 | 20分钟 | 篮球 |

(六)幼儿篮球课程(实战班)第85~86课时

**基本动作:** 传、接、投

**体适能发展:** 灵敏、协调

**运动文化**:讲解阻挡犯规

| 课程环节 | 课程内容 | 动作要领 | 次,组间歇 | 时长 | 器材 |
| --- | --- | --- | --- | --- | --- |
| 热身运动 | 蛙跳20个;<br>行进间前后滑步,左右滑步5个来回;<br>波比20个;<br>冲刺跑5个 | 摆臂摆腿 | 2组,<br>间歇20秒 | 10分钟 | — |
| 专项体能 | 进攻脚步动作综合练习;<br>防守型脚步综合练习;<br>高位平板支撑肘触膝盖 | 摆臂摆腿,蹬地发力 | 2组,<br>间歇20秒 | 10分钟 | 敏捷梯 |
| 战术练习 | 讲解后卫、前锋、中锋的位置作用;<br>每个人体验不同位置的跑位;<br>后卫+中锋的配合,中锋+前锋的配合、后卫+前锋的配合 | 屈膝,脚跟离地 | 3组,<br>间歇20秒 | 20分钟 | 篮球 |
| 篮球游戏 | 3V3打2节比赛 | 注意强调比赛规则,发现比赛过程中出现的问题,进行修正 | 2组 | 20分钟 | 篮球 |

### (七)幼儿篮球课程(实战班)第87~88课时

**基本动作**:传、接、投

**体适能发展**:灵敏、协调

**运动文化**:讲解阻挡犯规

| 课程环节 | 课程内容 | 动作要领 | 次,组间歇 | 时长 | 器材 |
| --- | --- | --- | --- | --- | --- |
| 热身运动 | 蛙跳20个;<br>行进间前后滑步,左右滑步5个来回;<br>波比20个;<br>冲刺跑5个 | 屈膝,脚跟离地 | 3组,<br>间歇20秒 | 10分钟 | — |

续表

| 课程环节 | 课程内容 | 动作要领 | 次,组间歇 | 时长 | 器材 |
|---|---|---|---|---|---|
| 专项体能 | 进攻脚步动作综合练习；防守型脚步综合练习；高位平板支撑肘触膝盖 | 屈膝,脚跟离地 | 3组,间歇20秒 | 10分钟 | 敏捷梯 |
| 战术练习 | 复习后卫、前锋、中锋的位置作用；复习每个人体验不同位置的跑位； | 屈膝,脚跟离地 | 3组,间歇20秒 | 20分钟 | 篮球 |
| 战术练习 | 复习后卫+中锋的配合,中锋+前锋的配合、后卫+前锋的配合 | 屈膝,脚跟离地 | 3组,间歇20秒 | 20分钟 | 篮球 |
| 篮球游戏 | 3V3打2节比赛 | 注意强调比赛规则,发现比赛过程中出现的问题,进行修正 | 2组 | 20分钟 | 篮球 |

# 参考文献

[1] 汪晓赞,陶小娟,仲佳,等.KDL幼儿运动游戏课程的开发研究[J].北京体育大学学报,2020,5(15):44-56.

[2] 王森,王文龙.我国幼儿体育开展中应处理好的几对重要关系[J].青少年体育,2022(1):135-137.

[3] 刘馨.学前儿童体育[M].南京:南京师范大学出版社,2003.

[4] 郝晓岑,王婷.幼儿体育概念辨析[J].幼儿体育概念辨析,2017(1):15.

[5] 王占春,陈珂琦.幼儿园体育活动的理论与方法[M].北京:人民教育出版社,2011:48.

[6] 袁一丹.浅析体育运动锻炼对学龄前幼儿心理发展的重要性[J].运动,2011(10):7-8.

[7] 杨雪锋.功能训练视角下幼儿体能干预内容重构与实证研究[D].郑州:河南大学,2018:31.

[8] 周葱.3~6岁幼儿身体功能性动作体系的构建与实证研究[D].石家庄:河北师范大学,2017.

[9] 郭强,汪晓赞.国际儿童青少年身体活动指南的透视与解析[J].成都体育学院学报,2019(1):4.

[10] 韩晓伟,周志雄.国际幼儿体育研究演进特征及启示[J].北京体育大学学报,2020(5):15.

[11] 张云.3~6岁幼儿动作协调能力测试方法与发展特征问题的探讨[J].西安体育学院学报,2010,27(5):603-606.

[12] 全海英,李冰洋.我国幼儿体育权力的缺失与保障[J].沈阳体育学院学报,2021,40(2):87.

[13] 周毅,庄弼,辛利.儿童早期发展与教育中最重要的内容[J].广州体育学院学报,2014(11):28.

[14] 樊明豪,崔雨晴.近10年我国幼儿体育研究综述[J].当代体育科技,2021(6):15.

[15] 林小环.幼儿园体育游戏的设计与组织实施[J].学前教育研究,2011(5):15.

[16] 郝晓岑.我国幼儿体育研究的轨迹、焦点与趋势[J].体育学刊,2018,25(5):109-113.

[17] 陈思同,刘阳.对我国体育素养概念的理解:给予对于 Phisical Literacy 的解读[J].体育科学,2017(6):40.

[18] 杨国庆,彭小伟.体育教学方法论[M].北京:人民体育出版社,2011.

[19] 苏祝捷,毛振明.论体育教学策略的应用[J].西安体育学院学报,2011(11):25.

[20] 任桂英,等.儿童感觉统合评定量表的测试报告[J].中国心理卫生杂志,1994,8(4):145-147.

[21] 赵彦彦.平衡车练习对幼儿动作控制和协调能力的影响[D].北京:首都体育学院,2021:34.

[22] 刘丹,幼儿武术套路创编及教学效果研究[D].苏州:苏州大学,2018.

[23] 艾险峰,夏丛.幼儿篮球促进4~6岁幼儿体能发展的实证研究[C]//中国体育科学学会.中国体育科学学会,2015:2.